校园足球教学训练及人才培养研究

冯 波 王晓峰◎著

哈尔滨出版社

HARBIN PUBLISHING HOUSE

图书在版编目（CIP）数据

校园足球教学训练及人才培养研究／冯波，王晓峰
著. -- 哈尔滨：哈尔滨出版社，2025.1
ISBN 978-7-5484-7778-5

Ⅰ．①校… Ⅱ．①冯… ②王… Ⅲ．①学校体育-足
球运动-运动训练-教学研究②学校体育-足球运动-人
才培养-研究 Ⅳ．①G843

中国国家版本馆 CIP 数据核字（2024）第 058095 号

书　　名：**校园足球教学训练及人才培养研究**
XIAOYUAN ZUQIU JIAOXUE XUNLIAN JI RENCAI PEIYANG YANJIU

作　　者：冯　波　王晓峰　著
责任编辑：李金秋

出版发行：哈尔滨出版社（Harbin Publishing House）
社　　址：哈尔滨市香坊区泰山路 82-9 号　邮编：150090
经　　销：全国新华书店
印　　刷：北京虎彩文化传播有限公司
网　　址：www.hrbcbs.com
E - mail：hrbcbs@ yeah. net
编辑版权热线：（0451）87900271　87900272
销售热线：（0451）87900202　87900203

开　　本：787mm×1092mm　1/16　印张：12.5　字数：211 千字
版　　次：2025 年 1 月第 1 版
印　　次：2025 年 1 月第 1 次印刷
书　　号：ISBN 978-7-5484-7778-5
定　　价：68.00 元

凡购本社图书发现印装错误，请与本社印制部联系调换。

服务热线：（0451）87900279

前　言

　　校园足球是在教育体系各个层级中实施的足球活动,其本质是一种集体性运动,旨在培育学生的团队协作意识、竞技奋斗精神以及提升学生的身体素养。校园足球的推进和普及不仅是足球运动发展的基石,更被视为孕育高水平足球人才的温床。一般而言,青少年足球运动的发展层次与国家足球竞技水平呈现高度正相关。考虑到全球足球运动的快速发展趋势和我国足球事业的长远发展目标,当前我国足球领域的重要议题之一是如何有效提高青少年足球运动水平。当前,我国各级各类学校已全面启动足球教学与训练工作。通过这些活动,学校不仅能够丰富学生的实战经验,还可以通过组织校内和校际间的足球比赛来促进学生足球技术的持续提升,从而为学生未来成为优秀足球运动员打下坚实基础。此外,学校还利用足球教学活动和训练实践来发掘和培养潜在的足球人才,以此作为中国足球发展和繁荣的有效途径。

　　本书内容共分为八章。第一章是对校园足球的认知,主要内容包括校园足球的起源与发展、校园足球的作用和意义、校园足球美的欣赏、校园足球文化及其对校园足球的影响。第二章是校园足球的教学体系构建,着重对校园足球运动的教学体系、校园足球教学的基础理论、基本原则以及有效实施分别进行了研究。第三章是足球教学方法设计及分类,介绍了校园足球教学内容的安排和教学方法的选择。第四章是校园足球训练体系构建,重点研究了校园足球训练的基本特征及依据、基本规律和原则及其对创新训练理念的应用等内容。第五章是校园足球联赛机制建设,重点知识内容包括校园足球竞赛体系的相关理论、我国校园足球竞赛开展的现状及问题分析以及我国校园足球竞赛体系的构建。第六章是校园足球文化体系建设,主要阐述了校园足球运动文化内容体系、青少年校园足球活动的组织与开展及促进青少年校园足球运动文化发展的对策等内容。第七章是校园足球评价体系构建,主要包括学生的身体素质评价、技术能力评价以及自我评价等内容。第八章是校园足球人才培养发展战略,详细论述了校园足球人才培养研究和发展战略研究。

目　　录

第一章　校园足球的认知

第一节　校园足球的起源与发展

一、校园足球的概念

在学校开展的与足球相关的活动被称为校园足球。由此可以得知,校园是校园足球的主要活动范围,学生是这一活动的主体,通过活动让学生充分了解足球文化,并且能够对足球相关技能进行学习,同时为学生提供了足球竞技平台。校园足球的开展形式较为丰富,主要分为课堂足球教学、足球兴趣小组、足球俱乐部、学校足球队以及足球联赛等多个方面。

基于本质层面进行探讨,将校园足球划分在竞技运动的范畴之内,竞技运动的规则性、娱乐性、不确定性、竞争性以及挑战性在校园足球中都有所展现。它对参与者的身体素质有一定的要求,比如力量、速度、协调以及耐力等。同时,参与者还需要具备一定的协作、规则以及竞争意识。除此之外,拼搏奉献的精神以及集体平等的观念也是不可缺少的。

二、校园足球的特点

校园足球不仅具有足球运动的通用特点,而且具有其特殊特点。下面分别从通用特点和特殊特点两个方面来介绍校园足球的特点。

(一)校园足球的通用特点

校园足球的通用特点主要包括球队的集体协作性、个人能力的综合性、竞技的对抗性、技术和战术的复杂性、情景的不可重复性5个方面。

1. 球队的集体协作性

在校园足球中,由于位置分工多、身体触球部位多、配合线路多,集体配合的难度很大,要求球队成员具有协作性。也就是说,球队成员的思想要统一,行动要一致,无论进攻还是防守,都必须具备整体协作意识。只有这样,球队才能表现出"1+1>2"的整体作战特点。

2. 个人能力的综合性

(1)校园足球运动基础是个人能力。校园足球虽然是一个团体运动,但是要想让团体作战能力更高,首先要使个人能力上达到一定的水平。因此,球队整体实力主要依托于个人能力。

(2)将战术、集体技术以及个人能力充分结合。个人能力虽然重要,但是也要和战术以及球队集体的技术相融合,这样才能够充分发挥个人能力。

(3)个人竞技能力以及个人特征尤为重要。运动员性格特点是其熟练运用技术和正确运用所必需的心理条件,它直接关系到运动员竞技水平。在学校足球比赛中,运动员个体竞技水平可以被看作一把"利器",是一把制胜的武器,它对提高球队综合实力有着举足轻重的作用。

3. 竞技的对抗性

校园足球运动作为一项具有对抗性的运动项目,从各个方面都能够体现出来,不管是一对一还是两三个人之间的对抗,又或者是不同球队、躯干与下肢、空中与地面等都能够体现出强烈的对抗性。

4. 技术和战术的复杂性

足球技术有踢球、接球、运球、头顶球、抢截球、掷界外球、守门员技术等,各技术中又有多种不同的动作方法,各位置的技术运用也有所不同。因此,在校园足球中,球员要随时根据对手的实际情况选择不同的技术,可见校园足球的难度之大。

足球战术有个人、局部和全队的攻守战术,各类战术形式多样,方法繁多。学习和掌握战术方法,不仅要求球员具备娴熟的技术基础,而且要求球员之间配合默契,还要求球员能够针对不同的对手、不同的时间、不同的要求灵活调整和运用不同的战术,而这绝非易事。

5. 情景的不可重复性

由于校园足球参与人数多、对抗特殊、配合复杂,校园足球运动情景不容易再现,更不可能真实地还原校园足球运动情景。

(二)校园足球的特殊特点

校园足球是在学校开展的足球活动,与其他类型的足球运动相比,其具有以下三个特殊特点。

第一，校园足球场所固定，设施完善，主要由专业的足球教师进行指导，而且教学方式多样，教学质量高。

第二，受外界环境干扰小，尽可能地保证了其公平性和纯洁性。

第三，球员之间差异小，便于教学活动和训练活动的开展。

三、校园足球的发展历程

我国校园足球的发展历程大致可以分为三个阶段。

（一）萌芽阶段

当校园足球处于萌芽阶段时，校园足球领域出现了"萌芽杯""幼苗杯"以及"希望杯"等一系列的比赛。20 世纪 80 年代初期，相关部门联合教育部颁布了一系列的政策，明确将校园足球比赛按照年龄进行排序，共组成 3 个年龄段赛事：萌芽杯主要针对 6~11 岁的学生，再大一点 12~14 岁的学生参加的足球比赛为"幼苗杯"；"希望杯"足球比赛主要针对 15~16 岁的学生。

当时，学校对校园足球的开展极为重视，一些在足球发展上较为前进的城市，都在致力于开展校园足球，参加学校足球比赛的学校高达 1 000 多所，但是，由于受到多个方面原因的影响，这些校园足球比赛仅仅持续了 3 年便逐渐消失。虽然足球比赛在校园中很难再见到，但是有一些地区针对青少年足球训练工作并未停止，仍然井然有序地进行着。这一时期的校园足球的产生与兴起为后续足球运动的发展提供了坚实的基础。

（二）停滞阶段

这一时期，伴随着足球职业化进程的快速推进，足球运动得到了快速发展，但就其本身的发展状况而言，已经陷入了停滞状态。究其原因，是由于国内各大职业俱乐部将更多的精力投入到了一线的足球训练赛事上，对于校园足球的关注已经逐渐减少，对学校足球的扶持力度也逐渐减弱。同时，一些规模较大、办学水平参差不齐的足球学校也出现了，这些学校大多学费高昂，但没有取得很好的教育效果，这在很大程度上阻碍了校园足球的发展。除此之外，这一阶段也是"业余体校—省队—国家队"三级训练体系经过几十年才得以建立的重要阶段，但是随着校园足球发展不甚理想，最终还是进入了停滞阶段,主要的表现就是青少年足球运动的注册人数处于不断下降状态。

(三)快速发展阶段

2009 年,国家体育总局以及教育部门为了能够让整体的足球运动水平得到提高,下达了一系列的相关通知,也是为了能够使得学生身体素质得到全面的提升。相关政策要求,校园足球运动的开展首先要从中小学进行,对城市中的中小学进行严密的布局,让学校相关负责人深刻认识校园足球运动开展的重要性,并加以落实,同时要创办不同级别以及不同类型的比赛,从小学到高校都应当积极开展,并且需要不断地加以完善。将足球的理论知识和实际技术,在青少年学生中进行广泛的推广和普及,创造一个健康、文明的校园足球文化,提高青少年足球后备人才的水平,使其具有鲜明的特点。为了响应相关政策,相关部门还出具了一系列事关青少年校园足球活动实施的具体方案,并对其开展所面临的一些问题进行了较为明确的规定。比如,首先,要确立相关的指导思想,并制定不同级别足球竞赛的任务以及目标;其次,成立与之相关的组织机构,明确工作方针以及学生招收要求;最后,需要出具相关的经费管理政策,保障青少年校园足球活动的顺利实施。

校园足球活动开展所面临的主要问题是经费不足。为了解决这一问题,国家体育总局经过研究决定从体育彩票中的公益基金中提取部分资金来解决。大量的资金投入为校园足球活动开展提供了基础的物质保障,资金的用途较为广泛,其中包括购买硬件设施和足球运动器材,建设更多的足球运动场地,缴纳学生保险金,组织相关的足球文化节以及对相关人员专业培训的费用。这些开支对足球运动的宣传以及推广起了重要的作用,也进一步促进了校园足球文化的顺利开展。

2014 年 11 月,针对全国青少年校园足球相关工作召开了会议,会议内容主要强调校园足球发展的重要性,中国足球梦想以及体育强国建立的基础都离不开这一活动的开展,同时,对于民族精神的振兴和教育改革的深化也有着重要的意义。因此,坚持育人为本,培养技术能力以及意志品质是提高校园足球水平的主要手段。要健全训练与比赛机制,开展大中小学相结合的训练与联赛制度,为运动员提供可持续发展的途径,为高层次的足球运动员提供保障;要拓宽办学途径,加强对师资的培养和培养,提倡社会公益活动,建立一支高素质的师资队伍;要健全政府扶持和市场参与的投资体制,充分调动社会各界的积极性,根据当地的实际情况,加大场地设施的建设力度,加强对体育安全的保护,促进校园足球的广泛、深入和可持续发展。

2015 年 7 月,针对青少年校园足球快速发展的实施意见得到了教育部等多个部门广泛关注,并为此提出要落实青少年足球作为立德树人的基本任务。这是引领学校体育改革创新的一个重大突破,将足球育人作用发挥到极致,在人才培养和足球发展规律的基础上,对其进行规范,建立健全的激励制度,让发展环境变得更好,促进青少年的身心健康发展,增强他们的体魄,促进他们的身心健康以及足球事业的发展,进而振奋民族精神。

《中国足球中长期发展规划(2016—2050 年)》指出,通过对青少年足球教育的深入研究,建立起一套内容丰富、形式多样以及因材施教的青少年足球教学模式,为学校的足球教学和培训提供指导,并为其提供免费的网上足球课程。

2020 年 8 月,教育部等多个部门共同颁布《全国青少年校园足球八大体系建设行动计划》,主要是建立起更加现代化的校园足球工作治理能力以及体系,让校园足球的工作制度更加完善,并提出了相应的工作目标。主要内容如下:力求到 2022 年,全国青少年校园足球能够得到更好的普及以及推广,不管是教学训练还是体教融合等体系更加完善,同时构建起全面的宣传引导策略以及完善师资条件,健全条件保障、制度管理体系以及评价机制。力争为各校培养 1 名以上高水平的老师或教练;在所有有条件的高校中,力争每个学校都有至少 1 个足球场地;在条件允许的情况下,高等院校也应当至少有 1 块标准的足球场地;学生体质健康达标率在 95% 以上,中小学生参加足球运动人数不低于 3 000 万人。

四、校园足球的发展趋势

(一)攻防技术一体化

校园足球呈现出攻防技术一体化的发展趋势。具体表现为:前锋与前卫的机械分工已经消失,前卫插上助攻,自由中卫深入对方腹地进攻,后卫在完成防守任务的同时积极参与进攻;前锋不仅要拥有全套进攻本领,还必须掌握各种抢、断、铲等防守技术。为适应校园足球攻防技术一体化的发展趋势,球员要做到技术动作方法多样化、合理化,并形成自己的特长。

（二）个人意识渗透明显增强

足球运动员在比赛过程中，通过对进攻和防守规则的理解，及时地做出正确、合理以及有效的动作，充分体现出运动员的个体意识。运动员的个体意识对于运动员在比赛中的技术和战术运用和个人技术的发挥都有着举足轻重的影响。

在校园足球中，运动员的技能如果脱离了意识的主导，而只是单纯地做一些简单的动作，那么足球运动就失去了灵魂以及实际的价值。在技术中的意识渗入是一个比较复杂的过程，这既需要选手有扎实的技术基础，也需要选手们对足球有一定的理解，对足球比赛的基本规则有一定的认识，对场上的情况作出正确的判断。

（三）比赛的激烈程度加强

随着球员运动水平的提高，校园足球的激烈程度也会明显增强。有资料显示，在一场净比赛时间为 60 分钟的校园足球比赛中，双方争抢次数可达 300次以上，也就是说每 10 秒左右就要发生一次对抗接触。

（四）攻守转换速度加快

随着足球比赛的越来越紧张，在比赛过程中，为运动员提供的技巧练习的时长不断地减少，场地的范围也在不断缩减。为了更好地适应紧张的竞争状况，并最大限度地展现自己的技巧，足球运动员提高了执行每一项技巧的速度和各项技巧的连贯性，使他们可以在迅猛的奔跑过程中实现这些技巧。因此，校园足球的发展趋势是攻防转换速度的显著提升。

（五）职业化发展

为了建设一条充满中国特色的青少年足球训练通道，我国已经开展大量的学校足球训练项目，比如全国青少年校园足球杰出运动员的训练项目和全国青少年校园足球训练营等。以全国青少年校园足球"满天星"训练营为例，该训练营的教练全部是国家选派的专业性较强的教练，他们主要在一些适合开展校园足球活动的地方进行教学和比赛，并在周末或假期对有潜力的青少年球员进行训练。这样做的目的是确保他们能够在不脱离学校、不脱离家庭的情况下,掌握足球技能,并且能够频繁地接受高水平教练的指导。此外,政府推动专门的足球俱乐部参与到全国的青少年校园足球"满天星"培训中,以吸引更多杰出的足球教练参与到校园的足球比赛、教育和训练中。这种模式不仅让体育领域的顶尖专业人才融入,也助力地方性的足球教育的推广以及教师的发展,同时可以在关键阶段为拥有足球才华的学生进行训练。它是一条让教育机构共享体育领域的优秀资源,拓宽体育领域的人才选择,使得学校、家庭、学生都受益,达到教育、体育、学校以及家庭三方面的互利共赢的最理想途径。因此,职业化发展必然是校园足球的发展趋势之一。

(六)全球化发展

在当前的社会环境中,全球化的体育格局正在逐渐形成,足球已经变成了国家之间交流的主要工具。通过参与足球竞技,我们能够加强各个国家的交流和理解,提升彼此的情感联系,并减少彼此的分歧。一个国家的体育能力在很大程度上反映在足球的水平上。为了培养足球后备人才,提升我国体育实力,校园足球必然要向着全球化的方向发展。

目前,成立于2017年的全球知名大学足球联盟正在积极地吸纳世界范围内有影响力、有利于推进校园足球发展的大学,并且坚定地推行"从足球开始,不止于足球"的理念,举办各种体育比赛和国际交流活动,有利于推动和促进世界各国青少年的体育、文化和科技交流。这是校园足球全球化发展的具体表现之一。

第二节　校园足球的作用和意义

一、校园足球的作用

校园足球的作用主要表现在四个方面,即健身作用、经济作用、社会作用和教育作用。下面将对这些作用进行具体分析。

(一)健身作用

校园足球作为一项重要的体育运动,学生们在校园中踢足球的主要目的在于强身健体。在学生的足球竞技场上,他们需要进行各种带球或不带球的行为,比如投掷、接触、传递,以及快速行进、突然停止、侧翻等。这些活动可以显著提高运动员的全面运动能力,从而实现增强体质、推动健康的目标。因此,校园足球的健身作用主要表现在以下四个方面:

1. 对神经系统的作用

在校园足球比赛中,球员需要根据对手和自己队伍的具体行为随时做出各种连锁反应。因此,频繁地进行足球运动能够明显地增强身体的精神状态、机敏度和调节技巧。

2. 对呼吸系统的作用

校园足球对呼吸系统的影响作用主要体现在三个方面:增强肺活量、提升呼吸肌肉力量以及增加呼吸深度。由于校园足球的运行方式包括短暂的快速奔跑和持久的慢跑、中速跑,足球运动对呼吸系统的改善效果显著。

3. 对肌肉骨骼器官的作用

校园足球的运动动作变化繁多,经常进行足球运动可以提升肌肉的协同工作能力,增强肌肉的力量,使肌肉纤维变得更粗壮,骨骼的骨干变得更大,骨质变得更厚实,骨骼也会更加坚固。

4. 对心血管系统的作用

若球员不断参与校园足球体育运动,他们的心血管系统的构造和功能将会有显著提升,这主要体现在运动时心脏的扩张、在安静状态下的脉搏变慢,以及脉搏的输出量增加。

(二)经济作用

作为足球运动的一环,校园足球拥有独特的影响力和价值,能够推动足球资源、中介服务等市场结构的建立,并且能够通过购买彩票、购买门票、转让、发布广告、接受电视直播等方式获取丰厚的收益。此外,学校足球的普及将推动相关行业的进步,例如体育旅游和体育产品生产等。此外,校园足球可以促进独特的球迷市场的形成。球迷市场不仅有利于增加国家的财政税收,而且有利于进一步促进校园足球的发展。

(三)社会作用

目前,校园足球的影响力已经远超过了竞技项目的范围。在一定程度上,校园足球已经转变为一个国家进行体育活动的典范,也是一个国家的象征。另外,校园足球也是开展国际互动的关键途径和工具。虽然各个国家可能会由于政治观点和立场的不同引发政治纷争,但是一旦两个国家的校园足球队同场竞技,足球就成了各个国家在政治、经济、文化方面的重要沟通手段。显然,通过参与国际性校园足球竞技比赛,有助于拓宽社会交往,平衡各个国家的人际关系,从而加强各个国家的互动理解,推动文化的传播,提升友谊与团结,减少分歧,从而改善全球的关系。整理国内外大学校园足球的发展状况,分享国际顶级大学校园足球发展的经验,探索校园足球人才培养的方式和途径,为中国青少年校园足球的发展提供建议和策略。

（四）教育作用

由于团队合作和技术战术的复杂性,校园足球已经逐步得到了大量学校的认可,并且已经成为学校体育课程的重要部分。校园足球是一种重视团队合作的竞赛项目,因此被视为一种独特的教育方式。将校园足球纳入体育课程,有助于培养学生的团队合作精神和集体主义思想,并帮助学生建立正确的自我认知和全局视野,使学生真正地明白何时应该依靠团队的力量,何时应该积极参与并做出贡献。另外,校园足球也能够培养学生的勇气、毅力、奋斗精神,并辅助他们形成团队合作、积极乐观的道德素养和良好作风。

在校园足球竞技场上,足球运动员体现出坚韧不拔、毫不退缩的勇气可以极大地点燃我们国家的爱国之心和民族骄傲,其影响力深远。校园足球是一项竞技性的运动,它既能够提供健康和娱乐,也有可能导致球员因为不适当的行为产生争执、冲突等负面行为。因此,需要充分利用校园足球的教育功能,在提升学生的足球技巧和团队协作精神的同时,重视对学生思想道德的培养,让学生在参与校园足球活动中能够准确地区分美与丑、优与劣,形成良好的行为规范,自觉遵循社会公德。

二、校园足球的意义

校园足球的意义表现在以下六个方面。

（一）促进学生身体素质的全面发展

校园足球是一项全身性、综合性的集体运动项目,具有很高的健身价值,能有效促进球员身体素质的全面发展。

(二)培养创新能力

在校园足球比赛中,双方的竞争非常激烈,场地上的进攻与防守经常发生变化,情况也是多变的。这对于运动员的感知、观察、记忆、想象、思考以及创新能力提出了更高的要求。所以,一名杰出的运动员不仅需要拥有优秀的身体素质和高超的技巧,还需要具备强大的思考能力,能够迅速地提出或调整自己的技术战略,并使用有效的策略来控制比赛。

(三)培养科学的思维方式和认知能力

校园足球作为一种具有整体性较强的球类运动项目,尽管每个参赛运动者在比赛中的地理位置、角色定义、任务划分有所差异,但他们的技巧、方法以及需求都需要保持统一,以此构建一个紧凑的团队,实现目标、观念、实践的"三个统一"。只有当攻击全面发动,防守全面进行,球队才能展现出战斗力,才能掌握比赛的主导权。

(四)增强心理承受能力

校园足球作为一项竞技性的运动,其严酷性在于其唯一的价值判断标准。竞争输赢对抗并胜利与比赛是每个足球运动员的追求,"冠军"的观念导致球员承受着巨大的精神负担。另外,在足球比赛中,进退频繁、竞争激烈,且情况多变且错综复杂,球员经常需要应对队伍成员、指导者、竞争者、观众以及周围环境的改动等各种情况,这些都为球员的精神状态设定了极高的标准。

(五)培养集体主义观念和协作精神

在校园足球活动中,个人目标和团队目标是相辅相成的,但团队目标始终是优先考虑的。所以,每个人的所有举止都应该是为了达成团队的目标,他们的选择与行动应该只考虑是否符合团队的期望。这个观念始终在塑造、限制和规范着球员的行为和言论。因此,运动球员需要有强烈的团队意识、责任感和奉献精神,必须明确自我定位,妥善处理个人与团队、优先级和次要级的关系。

（六）培养高尚的道德情操

校园足球作为一种具有约束性的学校活动，其核心就是社会行为规范在校园足球中的展示，其中体现了一种足球竞赛的行为标准。这种约束机制对球员的思维、言论产生了限制和影响，也提高学生遵循社会生活规范和职业道德的要求。

第三节　校园足球美的欣赏

在足球这项全球最受欢迎的运动中，校园足球以其独特的魅力吸引着无数人的目光。这里，我们将深入探讨校园足球美的各个方面，帮助学生更好地欣赏这项运动的魅力。

一、校园足球美的基础

校园足球美的欣赏，是一种对运动本身美感的感知，也是对参与者们的赞美和肯定。在足球这项运动中，我们看到了速度、力量、技巧、团队精神、拼搏精神、毅力等多种元素的融合，这些都是足球运动美的体现。团队精神是校园足球美的基石。在绿茵场上，队员们齐心协力、共同拼搏，为了赢得比赛而付出汗水和努力。这种团队精神体现了足球运动的团结精神和集体主义，让学生们在比赛中学会合作与分享，从而培养他们的团队精神和责任感。

要欣赏足球运动的美，还要看运动员们的技巧。在足球比赛中，技巧是极为重要的一个因素。无论是盘带，还是传球，技巧都是运动员们取得优势的关键。在校园足球中，我们可以看到年轻的运动员们凭借着出色的技巧，在球场上展现出了极高的足球素养。要欣赏足球运动的美，还要看运动员们的团队精神。在足球比赛中，团队精神是极为重要的一个因素。无论是在进攻中还是在防守中，团队精神都是运动员们取得优势的关键。在校园足球中，我们可以看到年轻的运动员们凭借着出色的团队精神，在球场上展现出了强大的凝聚力。

二、校园足球美的表现形式

在校园足球中，技术展示是美的一种表现形式。队员们通过娴熟的技术动作,如传球、控球、射门等,展示着足球运动的技巧和魅力。这些技术动作的运用,不仅让比赛更加精彩激烈,也能让学生们在比赛中不断提升自己的技能水平。要欣赏足球运动的美,首先要看的是运动员们的速度。在足球比赛中,速度是极为重要的一个因素。无论是带球突破,还是防守追击,速度都是运动员们取得优势的关键。在校园足球中可以看到年轻的运动员们凭借着出色的速度,在球场上挥洒自如,给观众带来一场视觉盛宴。其次,要欣赏足球运动的美,还要看运动员们的力量。在足球比赛中,力量也是极为重要的一个因素。无论是射门,还是头球争顶,力量都是运动员们取得优势的关键。在校园足球中,我们可以看到年轻的运动员们凭借着出色的力量,在球场上展现出了惊人的爆发力。

三、校园足球美的灵魂

在校园足球比赛中,每一名队员都全身心投入。他们用充满激情的表现,感染着现场的每一位观众。无论是胜利的喜悦,还是失利的痛苦,他们都毫无保留地展现出来,让人们感受到足球比赛的真实与热烈。

在日常的训练中,学生们用他们的热情和行动,诠释着足球运动的激情与活力。他们不怕辛苦,不怕困难,只为在绿茵场上展现出最好的自己。他们的每一次传球、每一次射门,都充满了对足球的热爱和对胜利的渴望。这种激情,让人看到他们对足球的执着与坚持。

在日常的交流中,学生更是用他们的热情和真诚,感染着身边的每一个人。他们分享彼此的经验,交流彼此的感受,共同进步、共同成长。这种激情,让人看到他们对足球的热爱和对友谊的珍视。

激情四溢的校园足球,不仅仅是一项运动,更是一种精神。它让学生们在比赛中体验到胜利的喜悦和失利的痛苦,让他们在训练中体验到努力和坚持的力量,让他们在日常交流中体验到友谊和团结的重要性。这种精神,让他们更加珍惜每一次的比赛机会,更加努力地去追求胜利,更加真诚地去对待每一个队友和观众

作为观众,我们也被这种激情所感染。我们看到学生们在绿茵场上的拼搏与奋斗,感受到他们对足球的热爱与执着。这种激情,让我们更加相信足球的力量,更加热爱这项运动。

四、校园足球美的内涵

校园足球美还体现在文化融合上。在全球化的背景下,足球已经成为一种国际性的语言,承载着各种文化的交流与融合。在校园足球中,学生们不仅能够接触到世界各地的足球文化,还能在比赛中展现出自己独特的文化特色。这种文化融合让校园足球更加丰富多彩,也让人们更加欣赏足球运动的魅力。校园足球美是一种综合性的美感体验,包括团队精神、技术展示、激情四溢和文化融合等多个方面。通过欣赏校园足球美,我们不仅能够感受到足球运动的独特魅力,还能在比赛中学习到团队合作、技能提升和文化交流等多方面的知识和技能。让我们共同关注和支持校园足球的发展,让足球运动的魅力更加深入人心。要欣赏足球运动的美,还要看运动员们的拼搏精神。在足球比赛中,拼搏精神是极为重要的一个因素。无论是在困难面前,还是在逆境中,拼搏精神都是运动员们取得优势的关键。在校园足球中,我们可以看到年轻的运动员们凭借着出色的拼搏精神,在球场上展现出了永不言败的精神风貌。

第四节　校园足球文化及其对校园足球的影响

一、校园足球文化的内涵与特点

(一)校园足球文化的内涵

校园足球文化是校园体育文化中不可或缺的一部分,它不仅体现了校园体育的精神风貌,也反映了学校教育质量和学生的综合素质。校园足球文化以足球运动为基础,通过足球比赛、足球技能培训、足球理论知识学习等形式,让学生了解和掌握足球运动的基本知识和技能,提高学生的身体素质和心理健康水平,培养他们的团队合作精神和竞技精神。

校园足球文化的核心理念是以学生为中心,注重学生的全面发展。它不仅关注学生的身体健康,还注重学生的情感体验和心理成长。通过参与足球运动,学生可以培养自信心、意志力、自律性等方面的素质,也可以提高人际交往能力、团队协作能力、解决问题的能力等社会适应能力。

校园足球文化的价值观是积极向上、健康活泼的。它强调公平竞争、尊重规则、尊重对手、积极进取的精神品质,倡导健康、文明、科学的生活方式。通过参与足球运动,学生可以树立正确的人生观和价值观,培养积极向上的生活态度和健康的生活方式。

校园足球文化的组织管理是严谨规范、科学合理的。学校应该建立完善的足球运动管理制度和组织架构,包括足球协会、足球队、足球训练营等机构和组织,负责组织和管理校园足球运动的相关事宜。同时,学校还应该制订科学合理的训练计划和管理制度,确保校园足球运动的顺利开展和管理有序。

校园足球文化的设施资源是完善齐备、高效实用的。学校应该加大对足球场地、设施等硬件投入力度,建设符合标准的足球场地、健身房、游泳池等设施,提供良好的教学训练环境和条件。同时,学校还应该注重软件建设如足球相关图书资料、教学课件、比赛视频等资源的收集和整理,为校园足球文化的发展提供有力保障。校园足球文化的人才培养是全面多元、精益求精的。学校应该注重培养优秀的足球后备人才,通过组建足球队,开展足球训练营等形式,发现和培养有潜力的足球人才。同时,学校还应该注重培养学生的综合素质和社会责任感,让他们成为具有社会竞争力的人才。

校园足球文化是校园体育文化的重要组成部分,它以足球运动为基础,以培养足球人才为目标,通过校园这一平台传播足球知识,提高学生体质,培养团队精神,塑造良好品质,推动校园足球文化的发展,对于提高学生的身体素质和心理健康水平具有重要意义

(二)校园足球文化的特点

1.教育性

校园足球文化以其独特的载体——足球运动,为学生提供了丰富的教育资源。通过参与足球运动,学生不仅能够锻炼身体,提高身体素质,还能培养团队合作精神和竞技精神。这种精神层面的培养,对于学生的全面发展具有重要意义。在足球比赛中,学生需要学会如何与队友合作,如何应对比赛中的压力和挑战。这种经历将有助于培养学生的团队协作能力和竞技精神,使他们在未来的生活和工作中更加从容地应对各种挑战。此外,校园足球文化还注重学生的全面发展。通过举办足球知识讲座、技能培训等活动,学生可以更深入地了解足球运动,提高自己的综合素质和综合能力。这些活动不仅有助

于培养学生的兴趣爱好,还能拓宽他们的视野,提高他们的综合素质。

2. 普及性

校园足球文化注重普及足球运动,让更多的学生了解和参与这项运动。通过开展各种形式的足球活动,如足球比赛、足球训练营等,吸引更多的学生参与其中,提高他们对足球运动的认知和兴趣。同时,校园足球文化也注重推广足球运动,通过组织各种形式的比赛和活动,让更多的人了解和喜爱足球运动。这种普及性的推广,有助于提高整个社会的足球水平,促进足球运动的普及和发展。

3. 竞技性

校园足球文化注重竞技性,通过组织各种形式的比赛和活动,提高学生的竞技水平和竞技能力。在比赛中,学生需要学会如何应对对手的挑战,如何调整自己的战术和策略。这种经历将有助于培养学生的竞技精神和团队合作精神,使他们在未来的比赛中发挥出更好的水平。同时,校园足球文化也注重培养学生的竞技精神和团队合作精神。

4. 多样性

校园足球文化具有多样性,包括足球比赛、足球知识讲座、足球训练营等多种形式的活动。这些活动可以满足不同学生的需求和兴趣,让他们在参与中感受到足球运动的魅力和乐趣。例如,对于喜欢竞技的学生来说,他们可以通过参加足球比赛来展示自己的实力和技巧;对于喜欢学习的学生来说,他们可以通过参加足球知识讲座来了解更多的足球知识和技巧;对于喜欢实践的学生来说,他们可以通过参加足球训练营来提高自己的技能水平和实践能力。这种多样性的活动形式不仅有助于满足不同学生的需求和兴趣,还能激发他们的积极性和创造力。校园足球文化是一种以足球运动为基础的校园文化,它具有教育性、普及性、竞技性和多样性等特点。通过加强校园足球文化建设,可以推动校园体育文化的繁荣和发展,提高广大学生的身体素质和综合素质。

二、校园足球文化对校园足球的影响

(一)提高学生体质健康水平

首先,校园足球文化的推广使得学生能够更频繁地接触足球运动。通过参与各种形式的足球活动,学生可以更加深入地了解足球运动,掌握足球技能,提高自己的足球水平。这种频繁地接触和参与,使得学生能够更加熟悉和喜爱足球运动,从而更加积极地参与到足球运动中来。其次,校园足球文化的推广有助于提高学生的身体素质。足球运动是一项全身性的运动,能够锻炼学生的心肺功能、力量、速度、协调性和反应能力等。通过参与足球运动,学生可以锻炼自己的身体,提高身体素质,增强抵抗力,减少患病的风险最后,校园足球文化的推广还有助于改善学生的健康状况。在当今社会,学生的健康状况受到了越来越多的关注。而参与足球运动可以帮助学生缓解学习压力,放松身心,提高睡眠质量,提高心理健康水平。同时,足球运动还可以培养学生的自信心、意志力和自律性等品质,有助于学生的全面发展

(二)培养团队精神与竞争意识

校园足球文化强调团队合作和公平竞争,这是培养学生团结协作、拼搏进取精神品质的重要方面。首先,校园足球文化强调团队合作。在足球比赛中,每个队员都需要与队友紧密合作,共同完成比赛任务。这种团队合作的精神不仅有助于提高学生的水平,还有助于培养学生的团队协作能力和集体荣誉感。通过参与足球运动,学生可以学会如何与他人合作,如何协调团队内部的矛盾和冲突,从而培养出团结协作的精神品质。其次,校园足球文化强调公平竞争。在足球比赛中,每个队员都需要遵守比赛规则,尊重对手,公平竞争。这种公平竞争的精神有助于培养学生的诚信意识和道德品质,使他们更加尊重规则、尊重他人,形成良好的社会风尚。此外,校园足球文化还有助于培养学生的拼搏进取精神品质。在足球比赛中,每个队员都需要全力以赴,竭尽全力去争取胜利。这种拼搏进取的精神可以激励学生不断追求进步和超越自我,培养出积极向上、勇往直前的精神品质。最后,校园足球文化有助于培养学生的自信心和意志力。精神品质不仅有助于提高学生的竞技水平,还有助于培养学生的综合素质和综合能力,为他们的未来发展打下坚实的基础。因

此,我们应该加强校园足球文化的推广工作,让更多的学生了解和参与到足球运动中来,为他们的身心健康和全面发展做出更大的贡献。

(三)促进足球运动在校园的普及与发展

校园足球文化的建设为学生提供了丰富的足球活动载体,这对于推动足球运动在校园的普及与发展具有重要意义。首先,校园足球文化的建设为学生提供了多样化的足球活动。学生可以根据自己的兴趣和需求选择适合自己的活动,从而更加深入地了解和参与足球运动。其次,校园足球文化的建设有助于提高学生的足球技能和竞技水平。同时,这些活动也为学生提供了展示自己才能的机会,让他们在比赛中发挥出更好的水平,增强自信心和成就。最后,校园足球文化的建设还有助于推动校园体育文化的繁荣和发展。同时,这种文化建设也有助于塑造校园品牌形象,提高学校的知名度和影响力。校园足球文化的建设为学生提供了丰富的足球活动载体,有利于推动足球运动在校园的普及与发展。这种文化建设不仅有助于提高学生的身体素质和竞技水平,还有助于培养学生的团队合作精神和竞技精神,为他们的全面发展注入新的动力。因此,我们应该加强校园足球文化的建设工作,为学生的身心健康和全面发展做出更大的贡献。

(四)塑造良好校园文化氛围

首先,校园足球文化营造了积极向上的氛围。在足球比赛中,学生需要积极拼搏、勇往直前,这种精神可以激励学生不断追求进步和超越自我。同时,足球比赛中的团队合作和竞技精神也可以培养学生的自信心和自尊心,使他们更加自信、自强、自立。这种积极向上的氛围可以影响整个校园,使校园充满活力和朝气。其次,校园足球文化营造了健康活泼的氛围。足球运动是一项全身性的运动,可以锻炼学生的身体,提高身体素质。同时,足球比赛中的欢声笑语和互动交流也可以缓解学生的学习压力和焦虑情绪,使他们更加健康、快乐,这种健康活泼的氛围可以影响学生的心理健康,使他们更加积极向上、乐观开朗。此外,校园足球文化还有助于学生形成良好的道德品质和行为习惯。在足球比赛中,学生需要遵守比赛规则、尊重对手,公平竞争。这种精神可以培养学生的诚信意识和道德品质,使他们更加尊重规则、尊重他人。同时,足球比赛中的团队合作和竞技精神也可以培养学生的自律性和责任感,使他们更加自觉地遵守社会规范和学校纪律。最后,校园足球文化还有助于培养学生的意志品质和毅力精神。在足球比赛中,学生需要面对各种困难和挑战如比赛失利、体能极限等。通过参与足球运动,学生可以学会如何应对挫折和困难,培养出坚定的意志力和毅力精神。这种精神可以影响学生的未来发展,使他们更加勇敢地面对挑战和困难。

我们也要注重培养学生的道德品质和行为习惯,让他们在参与足球运动的同时成长为具有高尚品德的优秀人才。

校园足球文化是推动校园足球发展的重要支柱。通过丰富校园足球文化内涵,发挥其特点优势,可以有效提高学生体质健康水平,培养团队精神与竞争意识,促进足球运动在校园的普及与发展,营造良好校园文化氛围。因此,应进一步重视和加强校园足球文化的建设与发展,为校园足球的整体水平的提高提供有力保障。

第二章 校园足球的教学体系构建

第一节 校园足球运动的教学体系

一、校园足球教学的任务与要求

(一)校园足球教学的任务

1.全面提高学生的身体素质

良好的身体素质是个体参与体育运动的基础,这一点在足球运动中尤为突出。足球是一项高强度的运动,需要学生具备出色的体能、耐力和灵活性。因此,良好的身体素质是参与足球运动的必要条件。首先,良好的身体素质能够提升学生的运动能力。在足球比赛中,学生需要快速奔跑、冲刺、跳跃和变向,这些都需要强大的体能和灵活性。只有具备了良好的身体素质,学生才能更好地应对这些高强度的运动挑战,发挥出自己的最佳水平。良好的身体素质能够促进学生的身心发展。足球运动不仅可以锻炼身体,还能够培养学生的团队协作。其次,精神、竞争意识和自信心。在足球场上,学生需要与队友紧密配合,共同面对对手的挑战。这种经历能够让学生更加懂得团队合作的重要性,提升他们的心理承受能力和意志力。最后,良好的身体素质是学习和掌握足球技术和战术的必要基础。在足球教学中,学生需要学习各种技术和战术,如传球、射门、防守和进攻等。这些都需要学生具备一定的身体素质和协调能力。只有具备了良好的身体素质,学生才能更好地掌握这些技术和战术,并在比赛中发挥出自己的优势。因此,提升身体素质是增强学生的运动能力、学习和掌握足球技术和战术的必要基础。为了提高学生的身体素质,学校和家庭应该注重学生的体育锻炼,提供充足的运动时间和场地。同时,学校还可以开展各种形式的体育活动和比赛,鼓励学生积极参与,培养他们的运动兴趣和习惯。良好的身体素质是参与足球运动的必要基础。通过足球运动教学和锻炼,学生能够提升身体素质、提升运动能力、促进身心发展,并为学习和掌握足球技术和战术打下坚实的基础。因此,我们应该重视学生的身体素质培养,为他们提供更多的运动机会和资源,让他们在足球运动中享受到运动的乐趣和成就感。

2.培养学生欣赏和参与足球运动的能力

随着足球运动的发展,越来越多的年轻人被它吸引,在校园中足球运动最主要的参与者和关注者是学生。学生开始对足球运动的欣赏仅仅停留在"看热闹"的层次,但通过校园足球教学,可以提升学生欣赏足球赛事的能力、参与足球运动的能力,主动了解各种足球运动的基本知识,从而有效培养学生对足球运动的兴趣,逐渐从"看热闹"变成"看门道",从关注进球的精彩程度变成注意双方的技战术打法,同时可以拓宽思路、开阔眼界。

现代足球运动不管是战术还是技术都朝着强对抗、简练、娴熟、快速、全面的方向发展,这就需要体育教师进行足球技战术教学时,要时刻结合学生智力、心理、生理等特点,确保教学的目的性和趣味性。要由易到难、由浅入深地让学生掌握练习方法和足球技术,培养学生参与足球运动的基本能力,千万不能操之过急,急于教授高深的战术打法和足球理论。

3.促进学生德、智、美素质的全面发展

足球运动拥有很强的教育性,尤其对学生思想品德方面的教育表现得最为显著,这也是足球运动能被纳入学校体育教学内容中的原因。

(1)足球教学中的思想品德教育。

校园足球对抗激烈、训练强度高、生理负荷大,因此需要学生以顽强的毅力和坚定的意志去克服各种外部和内心障碍,在遵循道德准则和规范的前提下,努力实现自己的目标。所以,对于学生而言,校园足球教学不仅能培养其良好的意志品质,还能促进其良好的心理品质的形成。

因受现代生活压力的影响,很多家庭都是独生子女,这也让现代学生的自我意识越来越强烈。这种自我意识大多时候会变成忽视集体利益的自私。校园足球技术规范严格、竞赛规则严谨、组织严密,在运动中要求学生必须服从集体的需要,正确地处理个性与共性、自由与纪律个人与集体的关系,增强组织纪律性,规范个人行为,融入集体之中。校园足球这种严格的教学与训练可以有效增强学生的组织纪律性,使其形成良好的道德意识。

足球运动是一项由每队11人组成的队伍参与的竞技运动。足球比赛的获胜来自队员之间以积极的、健康的道德情感为基础的协调配合和统一行动，这种道德情感是队友之间共同的责任感、荣誉感的精神升华。因此，校园足球教学与训练可以培养学生的集体主义精神，培养学生与人交流、共同协作的能力，培养其良好的道德情感。

（2）足球教学中的智育。

人的判断能力、分析能力、思维能力、想象力、记忆力、观察力、注意力等都属于智力的具体展现。学生智力水平可以通过足球教学活动获得提高。这不仅是足球教学的目标，还是智育所要完成的任务。足球教学中的智育主要表现在以下几个方面。

一是训练记忆力。下面以足球教学对培养学生记忆的正确性和敏捷性为例进行分析。足球教学绝大部分需要在户外上课，对于上课期间教师的动作示范、讲解、理论讲述等学习内容，学生需要快速识记，以再生和联想的方式在头脑中形成正确和完整的技术动作，记忆的敏捷性在完成动作的过程中得以训练。另外，正确的技战术运用是足球比赛和练习成功与否的关键，任何失误都有可能导致失败或被动。因此，足球技战术的训练对学生记忆的正确性提出了高要求和高标准，校园足球教学与训练能培养学生记忆的正确性。

二是开发想象力。人们头脑中对过去感知的形象进行再加工产生新形象的过程就是想象。学生通过模仿、想象，在校园足球教学中不断地体验战术活动和技术动作。尤其是在足球比赛中，场上的情况千变万化，学生要根据不断变化的情况制定相应的对策，如进攻时要不断发挥创造力和想象力，攻其弱点、攻其不备，才有可能进攻得分。若在踢球时学生没有进行想象和思考，那么比赛将没有任何欣赏价值。可以看出，足球教学对开发学生的想象力而言具有重要的推动作用。

三是培养学生的观察力。足球运动要求参与者瞬间反应、判断并完成动作，因此经常参加足球运动能提高学生视觉、听觉等感觉器官的敏感度。在校园足球教学中，学生学习各种足球动作，不仅要通过观察教师的示范动作来建立动觉表象，然后做出符合要求的动作，还要在技术动作的多样性和复杂性以及场上多变的环境中控制自己的注意力，同时观察同伴和对手的变化，并在瞬间做出决策。因此，校园足球可以培养学生在观察上的敏锐度和选择对象上的精细度。

四是提高思维能力。校园足球教学能很好地提高学生的创造性思维能力。首先,在校园足球教学中,学生必须迅速地做出正确的决定,由此可以使思维的速度得到训练;其次,足球比赛往往情况多变,参赛双方都想控制对方和摆脱对方的制约,这就需要学生根据实际情况机动灵活地调整战略战术,及时应对场上的变化,从而使思维的灵活性得到锻炼;再次,足球技战术多样、球场赛事多变,能促使学生积极进行思维活动,因此校园足球教学与训练可以使学生思维的速度、灵活性、独立性得到显著提高;最后,学生在参与足球运动时,对于场上各种情况的分析和判断都是独立的,有助于学生思维独立性的提高。

(3)足球教学中的美育。

没有人会拒绝美的事物,体育也是美的一种表达方式,它展现了意志品质的美、运动美(包含技术美和战术美)、健康美。足球教学中的美育主要表现在以下几个方面。

一是培养美的感受能力。美拥有形象感染性,审美感知离开了感性认知就不复存在。所以,教师要鼓励学生在运动中尝试自觉地培养审美意识,正确引导学生的意识倾向。

二是培养美的欣赏能力。为培养学生在视觉上的运动美感,在校园足球教学中体育教师应注意将美学原理和竞技常识有效结合,并系统地传授足球知识,达到学生亲自参与足球运动,锻炼自身肌肉和神经的美感的目的。

三是培养美的评判能力。在足球理论教学中,体育教师要注重对技战术原理的教学,让学生清楚地了解每种技战术的使用时机和目的,对于足球比赛拥有较深入的理解,清楚在何种情况下使用长传冲吊战术、在何种情况下使用防守反击战术等,从"会看球"转变为"看懂球"

四是培养学生美的表现能力。一般人只能欣赏和感受美,而具有艺术创作才能的人可以根据运动的各种艺术形式,创造出比现实更集中、更强烈的艺术美。因此,在足球教学中实施美育的特殊性就表现在如何培养学生形成健美的身体以及与之相应的美的思想、美的行为。一方面,在校园足球教学中实施美育,应通过对健美的身体的塑造,使学生形成健康的审美观,另一方面,在校园足球教学中实施美育的过程中,不仅要培养学生对足球运动的兴趣和爱好,使之形成良好的体育作风和文明行为,还要培养学生热爱美、鉴赏美、表现美的情感,培养学生的自信心、独立性和创造力。

(二)校园足球教学的要求

1. 注重增强身体素质与促进全面发展相结合

在增强学生体质的基础上,校园足球教学应使所有学生的美育能力、智力水平、心理素质、身体素质等各方面都得到发展。

在制订校园足球教学计划和编写教案时,教师不仅要保证教学活动对学生身体训练的全面性,还要突出足球运动的特点,更要结合足球教学促进学生身心健康全面发展。

做到教学方法和内容多样化。要运用多样化的教学方法与丰富的教学内容,在校园足球教学的准备阶段、实施阶段、复习阶段以及评价阶段结合学生的身心特点和个性特征,促进学生全面发展。

2. 注重教师的主导性与学生的主观能动性相结合

现代体育教学采用的不再是简单灌输式教学方法,而更加注重教师和学生的双向互动。教师在校园足球教学中,要依据每个学生的身心特点,充分调动学生的主观能动性,积极开展教与学,同时要转变以学生或教师为中心的片面的教学思想和观念。

在教学实践中,教师要不断提升自身的专业素质和教学水平,同时要不断增强足球教学的启发性和艺术性,激发学生的学习欲望并给予他们正确的指导,使他们明确学习目标,积极思考,主动学习,并且勇于实践。

3. 注重循序渐进与系统性相结合

首先,人们学习新鲜事物时都要遵循循序渐进的原则,对于技战术比较烦琐的足球运动的学习更是如此。教师在教学中要遵循学生的身心发展规律,教学内容应由易到难,教学方法和组织形式应由简到繁,运动负荷应由小到大。其次,教学中各种技战术应是环环相扣、密切衔接的,由不同周期构成,一个周期可分为不同的阶段,并有着不同的教学任务。

教学内容从简单到复杂。例如,足球传球技术的学习,先学习脚弓传球和传地滚球,基于此,再学习其他部位的传球技术,从而展开长传球和过顶球技术教学。

组织方式和练习手段从简到繁。在练习足球技战术的时候,先让学生进行模仿练习,然后让其独自实践,再进行局部对抗,最后进行整体训练。

对抗程度从弱到强。练习足球技术是从无对抗到有对抗的,从弱对抗到强对抗的,最后通过实战进行检验。

运动负荷由小到大。运动负荷的安排要逐渐加大,教师在组织训练时,要处理好负荷与恢复的关系。

要系统性教学和训练。足球教学和训练是由不同周期、阶段和任务构成的过程,学生的技战术水平可以通过系统的教学和训练提升上去。

4. 注重感觉、思维与实践相结合

足球运动关乎身体各个部位的锻炼,还能够锻炼人的神经系统和大脑思维。在进行足球运动时,学生运用思维,注重感觉,灵活地把运动中所遇到的多种问题处理好,快速分析并正确判断。所以,教师在教学中要做好下列两点。

一是教师在教学中要采用多种形式进行直观教学。例如,教师在教学中除了沿用传统的体育教学示范法和语言提示法,还可以在条件允许的情况下,采用录像、电影、照片等直观的教学方法来教学,让学生可以在短时间内在头脑中建立正确的动作表象并掌握技术动作。

二是有针对性地开展教学。教师在教学中,要考虑学生的基础知识、年龄、性别、身体素质、理解能力、运动经历、技能等方面的差异,不可"一刀切"。在追求教学质量的现代教育理念中,教师需要尽量在实践中找出适合学生的教学方法,力求有针对性地开展教学,如对水平较高者可以采用形象化语汇描述技术动作,而对水平较低的学生可以使用图像、示范等直观方式。

5. 注重综合性

足球教学的综合性指在教学中将心理、体能、战术、技术、智力等各方面有效融合,展开综合训练,具体内容如下。

一是将不同技术合理搭配。教师在教学中要依据比赛需求,合理地搭配不同的足球技术,并组织学生练习,然后针对学生的水平制定适当的技术训练内容。

二是技战术和身体素质有效融合。足球技战术的运用要基于身体素质,所以教师在教学中,要对练习的强度、密度、时间、组数、运动量进行合理的安排,进而提升身体素质和技战术水平。

三是技战术和对抗能力有效融合。足球技战术运用的根本保证是对抗能力,所以教师在教学中要依据学生掌握技战术的熟练程度,将适宜的对抗性因素加入其中。

四是在模拟实战中练习技战术。根据循序渐进的教学原则,学生最开始接触足球教学是在没有身体接触和对抗的前提下完成的,然而事实上,足球运动的本质特点是激烈的身体对抗性。所以,学生在掌握基本的运动技术之后,教师要把一些身体对抗练习融入其中,或者练习的时候选择在模拟实战的氛围和状况下进行,让训练更好地服务于比赛,将学生的积极性调动起来。

二、校园足球教学的原则与方法

(一)校园足球教学的原则

1. 主体性原则

校园足球教学的主体性原则是指教师在体育教学中所选择的教学方法与内容等不可脱离学生的需求和特点。教学中遵循主体性原则需要注意的事项如下。

校园足球教学是教和学的双边活动,要求教师在教学中对学生的主体地位给予尊重,将他们的创造性和积极性激发出来,给予他们正确的引导,使他们敢于探索、积极思考、刻苦训练,熟练掌握足球的理论和技战术方法。

给予学生正确的引导,使其明确学习目的。学习效果与动机关系甚密。若是学生不能明确自己的学习目的,没有正确的学习动机,便不会积极、自觉地去学习,以及长时间保持积极和自觉的学习状态。

培养学生学习足球的兴趣。形成学习动机的重要因素是兴趣,它或许是暂时的,或许可以转为长时间的主动学习动机。足球运动有很强的趣味性,教师在教学中要运用多种教学方法,激发学生学习足球的兴趣。

建立民主平等的师生关系。教学中要创造出生动和谐的教学环境。教师在教学实践中对学生的个性差异要给予尊重,应允许学生展现自己的个性,并建立民主平等的师生关系,对待学生"一视同仁"。

2. 实效性原则

实效性原则是指足球运动教学活动要从学生学习的实际出发,对教学中遇到的主次矛盾认真地进行了解并解决,使教学的专业性、针对性以及务实性更强,力求在有限的教学时间内,让学生能够更好、更快且更多地将足球运动知识掌握好。教学中遵循的实效性原则应注意以下几个方面。

要合理选择教学方法。教学目的的实现、教学任务的完成需要依托合理的教学方法。与此同时,教学任务的完成情况和教学质量的高低也取决于教学方法的使用。在足球的技战术教学中,教师要对教法和教材进行深层次的研究,并采用现代化的教学手段和方法,精讲多练。

时常调查研究。在教学中,教师不能被现有的足球教学理念和标准束缚。学生对足球运动学习的需求伴随时代的发展而变化,所以教师要善于发现新问题,并通过分析找出解决方法。教师在教学中要注重教学的实际效果,依据学生的现实情况适当地调整教学方法和练习形式。

用唯物辩证法指导教学工作。教师在教学中,需要从实际出发,精准、全方位地把握教材内容,深层次地对技术内涵进行分析,并掌握教学的重点和难点。

3. 直观性原则

所谓直观性原则,是指教师充分利用学生的感官以及已有经验,以最直观的听觉、视觉、肌肉本体感觉作为信息接收方式,让学生在脑海中以最快的速度把足球技战术的表象建立起来,由此掌握足球技战术和技能,发展思维能力。一般足球直观教学的形式有技战术演示图片、战术板讲解、动作示范、视频等。教学中遵循直观性原则应注意以下几个方面。

进一步明确教学目的和要求。教师依据教学特点和任务以及学生情况等有针对性地使用直观教学方法。例如,水平相对较低的学生,可以多使用技术演示图片和动作示范等,或者重复播放学生的动作录像,对比正确的技术动作,把学生错误的动作纠正过来。

教学中,充分利用学生的听觉、视觉、肌肉本体感觉,让学生清楚地建立足球技战术表象,激发学生学习的积极性。

要善于启发学生思维。学生形成正确的表象与积极的思维活动有很大关系,所以教学实践中需要启发学生的思维,并且有效结合技战术练习活动,将教学质量和效果提升上去。

4. 循序渐进原则

循序渐进原则指的是教学需要依据学科的逻辑系统和学生的认识规律,从简到繁,从低级到高级,从单一到组合,循序渐进地组织教学,进而让学生逐渐将知识、技术、战术和技能熟练掌握。教学中遵循循序渐进原则应注意以下几个方面。

第一,教学内容的系统性。教师要依据教学大纲的要求,对教学进度和课时计划进行合理安排,让教学进度与足球运动规律相符,让教学活动由易到难、由简到繁,让训练从没有对抗到有对抗,逐渐加大运动量。

第二,教学方法的系统性。教师要依据足球技战术形成的规律,从认知定向阶段(泛化阶段)、巩固提高阶段(分化阶段)、熟练阶段(自动化阶段)顺次根据动作技能形成的阶段性特点进行教学,并针对不同阶段的特点,采用不同的教学方法。

第三,安排适宜的运动负荷。在制订足球教学课计划时,要对生理和心理负荷进行合理安排。大部分学生在校园中没有参加系统足球训练的经验,他们的身体素质也都不同,所以给学生安排与他们身心特点相符的运动负荷非常重要。负荷太小,无法引起机能和心理状态的变化,无法发展体能,更无法满足学生学习足球的需求。若是负荷太大,学生的体能便会透支,并且在运动时还会出现运动创伤。

5. 因材施教原则

足球教学过程中,教师"教"的对象是全体学生,每个学生能力水平和身体素质有一定的差别,教师在教学中要做到因材施教。

对学生的个体差异和身体素质进行全面了解是进行因材施教的前提条件。掌握学生基本情况之后,认识他们之间的差别,进而从客观实际出发,因材施教。调查研究是教师全面了解学生的主要途径,调查研究的主要内容包括学生的身体素质、对足球的爱好程度等基本情况。教学中贯彻因材施教原则需要考虑学校的客观条件因素,如场地器材设备等,都是对足球教学产生影响的因素。教师在制定足球教学目标时需要综合考虑客观条件、组织教法、学生特点、教材等,从而更好地贯彻因材施教原则。

提升和发展全体学生的足球运动技能是在足球教学中教师努力的目标。制订的足球教学计划要与大部分学生的实际能力相符合,还要兼顾身体素质较差和素质较好、足球技能较高的两类学生。鼓励学生积极参加课余足球训练,为学生创造良好的条件。同时,要耐心、热情地帮助素质差的学生,让他们在原有的基础上逐渐提升足球技战术水平,达到足球教学的要求

6. 巩固提高原则

学生在足球教学中可以经常复习所学的足球技能、技术、知识,以不断提高足球技术。同时,师生之间要加强交流,教师可以通过交流及时掌握学生的

学习情况,再根据实际情况有效地控制、调节教学过程,增强足球教学的效果。依据运动条件反射建立与消退的理论和遗忘规律,学生在一段时间内如果不对学过的知识技能进行复习,记忆便会消退。再依据"用进废退"原理,学生对所学的足球技能进行反复练习,对生理机能、身体素质、运动能力的发展有很大的推动作用,所以对于学过的运动技能和足球知识加以巩固非常重要。以下几点是遵循巩固提升原则需要做到的。

师生间运用评价、提问、练习、示范讲解等方式传递信息,可以确保信息传递及时、准确。信息的准确度越高,信息传递损耗越小、越及时,教学效果越好。对体育技能、技术、知识的巩固,可以采取竞赛、考查、提问等方式。

增加动作重复的次数和运动密度,不断强化和巩固运动条件反射,提升身体素质、技术水平。

教师可以给学生布置适量的家庭足球作业或课外足球作业,以达到巩固提升的目的。

培养学生参与足球运动的兴趣和动机,不断提出新的学习目标。

7. 身体全面发展原则

选择和安排全面多样的教材内容是在足球教学过程中,指导学生进行全面的身体锻炼,促进学生全面协调发展的基础。身体全面发展的原则在足球课堂教学中应始终贯彻落实,一堂理想足球课的教学应包括以下几个部分。

第一,准备部分,让学生充分伸展,加强学生全身各部位韧带、关节、肌肉的活动。

第二,基本部分,促进学生全面协调发展,加强学生上肢与下肢的练习。

第三,结束部分,通过一系列活动引导学生放松下来,并给学生布置课外足球作业。

(二)校园足球教学的方法

1. 讲解法

为了使学生在教学过程中通过"听"来感知教学内容,教师对相关教学内容,运用简练准确的语言进行分析的方法就是讲解法。它主要包括运用过程中的注意事项、战术配合的方法和要求、技术动作的方法和要领等。教师在校园足球教学实践中运用讲解法时,需要注意以下几点。

(1)讲解要明确。教师讲解前首先要明确目的。教师在教学中,需要依据教学目标、内容以及学生特点去选择讲解的内容、方式、速度和语气等,在讲解中要牢牢记住重难点,进而有目的性、有针对性地进行讲解。

(2)讲解要正确。第一,教师的讲解不能超出学生知识范围,要在学生可以承受的范围内,也就是教师讲解的广度和方式要与学生的体育基础以及已经具备的知识经验相符,使学生接受起来比较容易。第二,教师所讲解的内容要与科学原理相符,且要规范。

(3)讲解要生动。生动的讲解对学生在脑海中建立正确的动作表象具有一定的帮助。若是教学仅凭言语单调地进行讲解,那么学生对技术动作的认识不会很深刻,所以加入肢体语言能够起很好的补充作用,便于学生认识技术动作。教师要善于把学生接触过的事物或已经学过的运动技术和教学内容相联系,让他们更好地理解动作。

(4)讲解要有启发性。启发式教学手段,如提问、类比、对比等方式可以促使学生积极思考,让他们举一反三,并把各种感官调动起来。

2. 示范法

在校园足球教学中,教师以自身的动作进行足球技术动作教学,进而指导学生的训练方法为示范法。教师在教学中,利用轻快、优美、正确的动作将足球技术呈现在学生面前,让学生对所学动作的完成方法、技术要领、形象、结构有所了解,建立正确的动作表象。此外,将讲解法和示范法在实际的教学过程中相结合,可以让学生对足球技术动作的特点和结构有更加清晰的理解和认识,有利于学生建立完整的动作概念。教师在教学中运用示范法时需要注意以下几点。

第一,明确示范。足球教学中的动作示范要把教学重难点体现出来,对技术基础不好的学生要适度,尤其是年龄小的学生,若是示范较多,反而不利于他们识记、区分、记忆。所以,教师在教学初期,只需要示范足球技术的关键动作,让学生建立清晰的动作表象。

第二,正确示范。在进行足球技术动作示范时,教师一定要严格依据规范要求完成动作技术,将动作的开始、行进方向以及结束时间把握好。这样学生才能够建立正确的动作表象和概念,并较快正确掌握动作,避免畏难情绪的出现。

第三,示范要有助于学生观察。教师示范动作的时候,要选择合适的示范面、速度以及学生观察的视角和距离,方便学生观察整个示范过程。教师须依据需求选择示范面,常见的示范面有正面、侧面、背面和镜面。教师在示范和讲解的时候,可以通过正误对比的方法,通过多种直观教具的演示和提示启发学生观察、对比、分析正误动作,这对学生掌握正确的技术动作和战术方法有一定的帮助。在示范时,起初要以完成动作的正常速度示范,进而让学生将完整、正确的动作表象建立起来;为突出动作的某些环节结构,示范速度要放慢。除此之外,对于放慢速度也不能示范的动作,可以采用直观教具(观看录像、图片等),让学生学习。

第四,示范、讲解与启发学生思维有效融合。示范通过视觉器官作用于人体,而讲解则是通过听觉器官作用于人体,把示范和讲解有效融合,可以强化技术动作的内在联系,学生的感知效果要高于单一的一种方法。所以,依据足球教学需求,教师在示范动作的时候要恰当及时地进行讲解,进而获得更好的教学成效。

3. 指导发现式教学法

指导发现式教学法是让学生在教师有意识地设计、指导下,进行实验、观察、分析、假设和论证之后发现规律、建立概念的教学方法。所以,此方法包含两个方面,即教师的"教"和学生的"学"。此教学法常见于学习足球战术足球技术要点、足球攻防关系的认识方面。教师在教学中可以按照下列步骤运用此教学法。

学生课前提前预习教师所要讲述的内容,把自己无法解决的问题找出来教师通过指导学生,让学生自己解决学习中遇到的问题,并且为学生提供相关的观察结果和分析的直观感知材料。

通过教师的教学指导,学生寻找课前无法解决的问题的答案,并且采用分析和归纳的方式进行解决。

4. 游戏教学法

游戏教学法就是以游戏的形式教学,使学生在轻松的氛围中学到教材中的内容的一种教学方法。初学足球的学生和职业运动队的专业选手都可以使用此种教学法。教师在教学中采用此方法时需要注意下列两点。

一是要基于教学本质选择游戏项目,在组织游戏前,教师要把规则和要求讲清楚。

二是游戏评判工作要做好,公正、公平、公开地评价所有学生在其中的表现。

5. 合作学习教学法

合作学习教学法是鼓励和引导学生主动参与学习过程的一种教学方法。教师主要采取以下步骤在校园足球教学中实施合作学习教学法：让学生在教学初期，自愿分成人数不等的小组，结成"伙伴对子"；教师在教学过程中，以小组为单位进行教学，指导小组成员互帮互助，促使各小组的学生共同完成学习任务。

第二节　校园足球教学的基础理论

一、校园足球教学的目标

校园足球教学的目标不仅仅是提高学生的足球技能水平，更在于通过这一运动形式，全面提升学生的身体素质、团队合作精神和竞技精神。

首先，足球教学是提高学生足球技能水平的重要途径。在校园足球教学中，学生可以学习到足球的基本技能，如传球、射门、控球等。这些技能的掌握不仅使学生能够在比赛中更好地发挥，更能增强他们对足球运动的理解和热爱。通过不断的练习和比赛，学生的足球技能水平将得到显著提高。

其次，足球教学是增强学生身体素质的有效手段。足球运动是一项全身性的运动，它要求学生在比赛中快速移动、冲刺、跳跃等，这些动作都需要良好的体能、速度、灵敏度和协调性。通过足球教学，学生可以锻炼到这些身体素质，提高自己的运动能力。同时，足球运动也能帮助学生减轻学习压力，放松身心，提高心理健康水平。

最后，校园足球教学有助于培养学生的自信心和意志力。在足球比赛中，学生需要全力以赴，竭尽全力去争取胜利。同时，通过参与足球运动，学生可以更加自信地面对学习和生活中的各种挑战。

二、校园足球教学的重要性

校园足球教学是体育教育的重要组成部分，它不仅仅是一项体育运动，更是一种教育理念。通过校园足球教学可以提高学生的身体素质，培养学生的团队精神和竞技能力，也有助于培养学生的体育兴趣和爱好。因此，校园足球教学在体育教育中具有重要的地位和作用。

首先,校园足球教学是提高学生身体素质的重要途径。足球是一项全身性的运动,通过参与足球教学,学生可以锻炼到身体的各个部位,提高体能、速度、灵敏度和协调性等身体素质。因此,校园足球教学对于提高学生的身体素质和心理健康水平具有重要的作用。

其次,校园足球教学是培养学生团队精神和竞技能力的重要手段。校园足球教学有助于培养学生的体育兴趣和爱好。在足球教学中,学生可以接触各种足球技术和战术,了解足球运动的规则和历史。这些内容可以激发学生对足球运动的兴趣和爱好,让他们更加热爱这项运动。同时,通过参与足球运动,学生可以结交更多的朋友,拓展自己的社交圈。因此,校园足球教学对于培养学生的体育兴趣和爱好具有重要的作用。

最后,校园足球教学在体育教育中具有重要的地位和作用。体育教育是学校教育的重要组成部分,它对于学生的身心健康和全面发展具有重要的作用。

三、校园足球教学的基本原则

(一)科学性原则

教学要授予学生以科学知识,这是教育的基本任务之一。在校园足球教学中,科学知识不仅包括足球运动的基本技能和战术,还包括运动生理学、运动心理学等方面的知识。这些知识对于学生全面了解足球运动、提高运动技能和竞技水平具有重要的作用。同时,结合知识教学对学生进行社会主义道德和正确的价值观与世界观教育也是教学的重要任务之一。在校园足球教学中,教师可以结合教学内容和实际案例,引导学生树立正确的价值观和世界观,培养他们的社会责任感和集体荣誉感。例如,在比赛中,教师可以强调团队合作的重要性,引导学生认识到个人利益和集体利益的关系,培养他们的集体主义精神。

保证教学的科学性是教学的基本要求之一。在校园足球教学中,教师需要遵循科学的教学原则和方法,确保教学内容的科学性和有效性。同时,教师还需要发掘教材的思想性,引导学生深入理解足球运动的本质和意义,提高他们的运动素养和人文素养

为了更好地实现这些教学任务,教师需要重视补充有价值的资料、事例或

录像。这些资料可以帮助学生更好地理解和掌握教学内容,增强他们的学习兴趣和积极性。同时,这些资料也可以作为教学的重要补充,丰富教学内容,提高教学效果。

在校园足球教学中,教师需要注重科学知识的传授,结合知识教学对学生进行社会主义品德和正确的价值观与世界观教育,保证教学的科学性,发掘教材的思想性,并重视补充有价值的资料、事例或录像。只有这样才能更好地实现教学的目标,促进学生的全面发展。

(二)理论联系实际原则

教学要以学习基础知识为主导,这是教学的基本原则之一。在校园足球教学中,基础知识包括足球运动的基本概念、技术、战术等方面的知识。这些知识是学生理解和掌握足球运动的基础,也是提高他们运动技能和竞技水平的重要保障。

同时,教学要注重从理论与实际的联系上去理解知识。在校园足球教学中,理论知识的学习是必要的,但仅仅停留在理论层面是不够的。教师需要将理论知识与实际应用相结合,通过实践让学生更好地理解和掌握知识。例如,在教授传球技术时,教师可以先解传球的基本概念和技巧,然后通过实际演练让学生掌握传球的技巧和运用方法。

此外,教学要注重学以致用,提高技能水平。在校园足球教学中,学生不仅要学习理论知识,还要通过实践提高技能水平。教师需要为学生提供足够的实践机会,让他们在实践中掌握技能,提高技能水平。例如,教师可以组织学生进行足球比赛,让学生在比赛中运用所学的技术和战术,提高他们的竞技水平。

最后,教学要领悟足球运动知识的价值。足球运动不仅仅是一项体育运动,更是一种文化、一种精神。在校园足球教学中,教师需要引导学生领悟足球运动知识的价值,让他们认识到足球运动对于个人成长、社会发展和国家荣誉的重要性。

教学要以学习基础知识为主导,从理论与实际的联系上去理解知识,并注重学以致用,发展技能水平,领悟足球运动知识的价值。只有这样,才能更好地实现教学的目标,促进学生的全面发展。

（三）改革创新原则

在教学内容、方法和手段等方面进行不断改革和创新，是适应时代发展的需要，增强教学效果的重要途径。

首先，教学内容需要不断更新和拓展。随着足球运动的发展和变化，教学内容也需要不断调整和更新，以适应时代发展的需要。教师需要关注足球运动的发展动态，及时将新的技术和战术融入教学中，让学生掌握最新的知识和技能。

其次，教学方法需要多样化。传统的教学方法往往以教师为中心，学生被动接受知识。而现代教学方法则强调学生的主体地位，注重学生的参与和互动。在校园足球教学中，教师可以采用多种教学方法，如讲解、示范、实践、讨论等，让学生更好地理解和掌握知识。

此外，教学手段也需要多样化。除了传统的课堂教学，教师还可以利用多媒体技术、网络技术等手段辅助教学。例如，教师可以制作教学视频、PPT 等资料，让学生更好地理解和掌握知识。同时，教师还可以利用网络平台开展在线教学、互动交流等，增强教学效果。

最后，教师需要不断学习和提高自己的教学水平。随着时代的发展和变化，教师需要不断学习和掌握新的教学理念和方法，提高自己的教学水平。同时，教师还需要关注学生的需求和反馈，不断改进教学方法和手段，增强教学效果。

在教学内容、方法和手段等方面进行不断改革和创新是适应时代发展的需要，提高教学效果的重要途径教师需要关注时代发展的需要和学生需求的变化，不断调整和更新教学内容和方法手段，提高教学质量，增强教学效果。

（四）遵循规律原则

遵循足球运动规律和教学规律，合理安排教学内容和教学进度，是确保教学科学性和有效性的关键。

首先，遵循足球运动规律是确保教学科学性的基础。足球运动是一项复杂的体育运动，它涉及身体、技术、战术、心理等多个方面。在校园足球教学中，教师需要遵循足球运动的规律，按照学生的身心发展特点和运动技能形成规律，合理安排教学内容和教学进度。例如，在教授传球技术时，教师需要先让学生掌握基本的传球技巧，然后逐步提高难度和要求，让学生在实践中逐渐掌握和提高传球技术。

其次,遵循教学规律是确保教学有效性的关键。教学规律是指在教学过程中必须遵循的基本原则和方法。在校园足球教学中,教师需要遵循教学规律,注重学生的主体地位和主动性,采用多种教学方法和手段,激发学生的学习兴趣和积极性。例如,教师可以采用讲解、示范、实践、讨论等多种教学方法,让学生在实践中掌握知识和技能。同时,教师还需要注重学生的个体差异和需求,采用个性化的教学方法和手段,满足不同学生的需求。

最后,合理安排教学内容和教学进度是确保教学科学性和有效性的重要保障。教学内容和教学进度的安排需要考虑学生的身心发展特点和运动技能形成规律,以及教学的实际需要和条件。教师需要根据实际情况灵活调整教学内容和教学进度,确保教学的科学性和有效性。教师需要关注学生的身心发展特点和运动技能形成规律,采用多种教学方法和手段,激发学生的学习兴趣和积极性,提高教学效果和质量。

(五)运动动机

人的行为离不开动机的驱动。运动员在体育比赛、日常训练的具体表现均受动机的支配。强烈的运动动机促使人们长期参加运动活动,保持训练强度,在训练中更加努力,更加集中注意力,获得更好的训练效果。

(1)动机的含义。

动机是激发或维持一个人朝向某一特定目标不断前进的内部动力,常与个体需要、个体愿望相关。一般情况下,动机具有以下三大作用:①启动作用,帮助个体启动具体活动;②指向或选择作用,帮助个体行为向某一具体目标前进;③强化作用,帮助个体维持、增加、减弱投入到某一活动的力量。

(2)动机的分类。

①依据动机的来源差异,可以把动机划分为外在动机和内在动机。外在动机是建立在满足个人的社交性需求为基础,通过完成特定活动而获取外部的奖赏,防止受到惩罚,这是个人行为的外部动机。而内部动机是建立在满足个体的生物需求为基础,通过执行特定的活动来充分发挥个人的能力,这是个人行为的内部动力。一般来说,运动员的参与行为会受到内心驱动和外界刺激的共同作用。一般情况下,不适当的外部奖赏可能会削弱个人的内部动机,对他们的运动训练产生负面效果。

②依据兴趣的属性,可以把动机划分为直接动机和间接动机两种。直接动机是指个体对自己参与的活动项目有着强烈的兴趣,从而触发运动员的行动。而间接动机则是指个体对活动产生的效果有着浓厚的兴趣,从而触发运动者的行为。

③根据需要达到的目标,可以将动机分类为生物性动机和社会性动机。生物性动机是基于生物需求(比如由饥饿激发的驱动力)的,而社会性动机则是建立在社会性需求(例如成就感等)的基础之上,各种不同的动机都会带来不同的影响。

(3)运动动机理论。

①成就动机理论。

大多数的经验和事实证明,在学习的早期阶段,成功需求与行为动作的表现有着密切的联系。相较于那些需求较低的参与者,那些需求较高的参与者在早期的训练和竞赛中的表现更出色。在较为简单的训练和学习阶段,高成功的需求能够有效地推动个人的行为。随着训练和学习的持续深化,成就需求的差距逐渐消失。初期对高成就需求感兴趣的参与者的动力减弱,而初期对低成就需求感兴趣的参与者由于在实践过程中获得一些成果,成就需求也有所增强。在具体的比赛中,成就动机这一理论也是适用的。大量的事实表明,在竞赛条件下,高成就需要的被试者表现得更好。由此可见,竞赛可以促进高成就需要被试者的动作表现。

②自我效能理论。

自我效能理论的关键在于个人对自身能力的认识。自我效能的强弱会影响个人的行为选择、努力程度、在遇到挑战时的处理方式和毅力。个人能够通过三种方式来增强自我效能,也就是直观的经历、替代的经历以及用言语来说服自己。自我效能驱使个体避免参与超越其实际能力的行为,而是选择他们认为自己有能力并且可以完成的工作。这种自我效能在很大程度上可以预见个人对特定活动的驱动力和反应。

(六)体育运动训练中的心理疲劳

(1)运动员心理疲劳的表现。

运动员的心理疲劳主要表现为一系列负面情绪,下面主要对运动员三种心理疲劳的负面情绪进行分析。

①动机疲劳。

伴随着竞技体育运动的不断发展,运动训练的要求和难度也越来越高,负荷越来越大,运动员在日常训练或比赛中都面临着非常大的压力,这种情况下如果运动员不能准确定位自己,那么很容易就会出现动机疲劳。动机疲劳的具体表现是对训练、比赛的热情减弱,难以激发运动训练的积极性。

②注意力疲劳。

注意力疲劳从运动员的情绪上主要表现为烦躁、易怒。训练环境比较封闭,训练内容较为单一,运动员每天都要重复大量的训练动作,休闲时间也基本是在封闭的训练环境中活动。运动员长期在这样的环境中训练,有时可能会产生逃避的想法,甚至会有抵触训练的情绪,在这样的心理状态下进行运动训练是很难取得理想的训练效果的。

③恐惧疲劳。

对于一些心理素质较差的运动员而言,在长期的运动训练中易产生恐惧疲劳,将训练看作压力和累赘,在训练中痛苦不堪。这种疲劳常常出现在训练初期和赛前大强度训练阶段,在这样的情况下参加训练难免会出现偷懒的情况。

(2)运动员心理疲劳的缓解。

①教练员与运动员友好沟通。

在足球训练中教练员应与运动员多沟通、多交流建立一个良好的沟通平台,彼此之间保持和谐的关系。教练员和运动员具有人格上的平等性,只有保证了这一点,才能保证双方信息交流的真实性。在平时的训练中,教练员要充分了解运动员的心理疲劳及负面心理,并对其进行积极的干预,帮助运动员摆脱负面情绪,走出心理困境。

②实行奖励机制。

在足球训练中,实行奖励机制也是一种非常有效的手段。它对于缓解足球运动员的心理疲劳、增强其训练的积极性具有重要帮助。奖励的依据不仅包括训练效果、训练目标完成情况、体能和技术测评结果等,还包括运动员的训练态度、配合情况等。

四、运动训练学基础

(一)运动训练理论体系

伴随着运动训练的不断发展,完善的运动训练理论体系逐渐形成,我们可以从横向、纵向两个维度深刻理解与剖析运动训练学理论体系架构。

(1)在横向维度上,运动训练学理论体系包括训练内容、训练负荷等方面的内容。

(2)在纵向维度上,运动训练学理论体系被划分为三个基本层次,即一般训练学层次、项群训练学层次、专项训练学层次。项群训练学在运动训练中占据着非常重要的地位。

运动成绩不仅与运动训练有关,还受到多种因素的影响,例如,心理因素、环境因素等。运动训练学理论也引入了多种学科的知识,例如,人体运动科学知识、人文社会科学知识等,使自己的理论更加完善,充分体现出运动训练学的综合性、应用性特征。

(二)运动训练原理

1.叠加代偿原理

体能与技能是运动员必须具备的两种素质。通常来说,技能动作要比体能动作更为复杂。但是,运动员的体能、技术、战术之间是密切联系的,体能是技能的基础,技术又是战术的基础,技能动作的运用是建立在良好体能的基础上的,战术配合又是以技术为基础的。如果运动员缺乏良好的体能素质或体能基础较弱,那么很难开展有效的技能训练活动。所以,进行技能训练之前必须做好体能训练活动,并在技能训练的整个过程中不断穿插体能训练,这才符合运动训练的基本规律。

足球运动员只有在具备一定体能基础的前提下才能参加足球技能训练,这是运动训练中叠加效应的体现。在足球技能训练中,运动员储备体能又具有代偿意义,意思是运动员技能水平较低,体能水平高,后者可以短暂性地弥补前者的不足,这就是足球运动训练的叠加代偿原理。

足球运动员的体能训练不是孤立的,要结合足球专项以及与足球技术联系起来才具有实际意义。足球运动员在技术训练中有时会因为体能不够而影响技术质量,这种情况下就要进一步增强体能,为高质量完成技能动作打好基础。总的来说,足球运动员的体能训练和技能训练相互联系、相辅相成,二者之间应该达到一种动态的协调状态,结合足球专项要求而进行体能训练,通过体能训练提升足球专项技能,从而取得理想的比赛成绩。

2. 体能易衰原理

足球是一项注重技战术对抗的运动,技战术对于运动员而言都具有一定的激励性和趣味性,激烈而有趣的训练能够满足运动员的直接兴趣。虽然不同运动员因为个人情况及其他相关因素的影响而训练力度不同,但运动员对技能训练的兴趣总是比对体能训练的兴趣要强烈。相对来说,足球体能训练显得单调枯燥一些,体能训练因本身不够有趣而对运动员没有很强的吸引力,运动员参与体能训练的积极性差一些。体能训练不仅不像技能训练那样丰富和有趣,而且体能训练的成果不能持久维持,也就是说体能容易衰退和减弱,而技能形成后衰退速度慢一些。因此,足球训练中很多问题都集中在体能训练上,而体能训练出了问题必然会影响技能训练,影响运动员综合竞技能力的提升,从上面分析的叠加代偿原理来看,也会影响对技能不足的暂时性弥补。这就提醒教练员要设计丰富多彩的体能训练手段,帮助运动员建立持久的运动训练的兴趣。

3. 边际效应原理

"边际"指的是事物在时空维度上的界限或边缘,它体现的是数量概念。"效应"指的是心理满足程度,它反映的是心理感情强度。"效应"随着"边际"的变化而变化,即心理感情强度随数量的变化而变化。边际效应体现了人的主观感受的变化,具体来说,是个体对某一事物预期的感情强度的变化,人对某一事物有了预期后,越临近预期的效果,这种感情强度就越激烈,感情强度随所期待的事件的变化而变化。

总体而言,边际效应具有以下几个方面的特征。

第一,时间性特征。边际效应的时间性主要指的是效应的渐渐衰退,可以解释为组织内部的效能随时间的延续及整体的不断磨合而发生衰退性变化。如果一名足球运动员长期采用单一的方法进行训练,那么该训练方法所带来的训练效果会越来越不明显,该名运动员竞技能力的提高会越来越慢。

第二,空间性特征。如果以过于统一或习以为常的方式开展足球训练工作,那么运动员竞技能力的提升空间就很小,或者竞技能力的变化小,体现不出弹性化发展的效应。这时运动员要想取得新的突破,增大弹性空间,就要重新组合竞技能力结构。

第三,组合性特征。广袤的空间与绵延不绝的时间在组合上有各种各样的可能性。在足球训练中,一般性的训练方法很容易受关注和重视,而最终结果即训练的边际效应却经常被忽视。

4. 超量恢复原理

超量恢复原理,即物质能量的储备超过原有水平,机体运动能力也超过原有水平。理论上而言,运动员在超量恢复阶段进行训练,能够达到很好的训练效果,身体机能水平和运动能力会得到显著提升。

五、校园足球教学的教育学基础

(一)教育学理论

教育学属于一门基础学科,其基本原理是教育科学体系中其他学科的基本理论基础,其中包含了校园足球教学理论的相关研究。

1. 教育本质论

世界上各个国家都非常重视本国教育的发展,教育可以说是社会发展的重要推动力。教育的本质是培养和选拔人才。世界各国无论是在经济实力和国防力量上的较量,还是在科学技术和体育发展方面的竞争,本质上都是人才的竞争,而人才的竞争本质上又是教育的竞争。由此可见教育的重要性。

伴随着学校教育的不断发展,教育理论也在不断地深化和完善。教育的漫长曲折历程,在不同的社会发展阶段有着各自的时代特点。纵观整个的教育发展史,大致可分为原始、古代与现代三种形态。无论在哪种形态下,人才的数量和质量都决定了当时社会的发展程度。同时,社会发展进程也决定着人才的数量和质量。当代人力资本理论认为,个体具备的综合实力如知识技能等,本质上是资本的外在表现形态,也是个体未来收入的首要因素。

综上所述,教育与社会生产力、政治经济制度、科学文化之间存在着相辅相成也相互制约的关系。另外,教育本质论深刻地揭示了教育的内涵与功能。对于学校教学而言,教育方法和技术手段也是沿袭着从简单到复杂的发展规律一路发展至今。它对于学校体育教育的发展起了极为重要的指导作用。

2. 教育目的论

教育具有一定的目的,其目的本质上就是人才培养,以及对人才的质量、数量、规格以及标准等的研究。根据教育学的基本理论,教育的目的又可分为从社会发展需求出发和从个体本能需求出发两种。

从社会发展需求出发,教育目的社会本位论是指仅从社会发展需要出发定位教育目的,过度强调社会价值,忽视个人需求。仅从个体的本能需求出发定位教育目的,过度关注个人实现,忽略社会整体价值需求,即教育目的的个人本位论。

以上两种理论各有侧重,但都存在着不足之处,我们应辩证地去看待。要将这两个方面充分结合起来,寻找到个人与社会的价值最大化才具有现实意义。

在校园足球教学中,教育目的论具有重要的指导意义。足球属于一项团队协作运动,是集体共同努力作业、齐心协力朝着同一目标奋斗以达到最大效能的过程,个人胜利是建立在团队胜利的基础之上的。但需要注意的是,足球又是一项依赖个人能力与天赋的运动,因此在足球教学中,体育教师要充分认识到这两个方面。

教育目的论的基本理论具体体现在以下几个方面。

(1)体育教师在设计与安排足球教案时,充分考虑学生的个体发展因素,保证足球技战术教学与学生的身心发展步调相一致,让学生的足球理论与技战术素养获得共同发展。

(2)体育教师组织教学活动应充分考虑学生的各种差异,依据求同存异的原则确保每个学生都能获得发展。

(3)体育教师要综合考虑学生的多变性与相对不变性特点,科学和合理地设计与选用教学手段与方法,设计多样化的教学模式,以取得理想的教学效果。

(4)体育教师要尊重学生身心发展的个性化和差异性,足球教学活动的具体实施要具体灵活、因材施教。

(二)基本教学理论

1. 有效教学理论

(1)有效教学的概念。

有效教学是师生在教学活动中遵循教学活动规律,采用各种有效的方式和手段,以尽可能少的教学投入取得最优的教学效益和效率,促进学生在知识与技能、过程与方法、情感态度与价值观"三维目标"上获得进一步发展。

（2）有效教学的理念。

一般来说，有效教学的理念主要表现在以下几个方面。

①重视学生的全面进步和发展。

体育教学将学生进步与发展作为终极追求目标，有效体育教学追求的是学生的全面发展和最大程度的进步。有效体育教学对学生全面发展与进步的关注，要求体育教师在教学过程中将生成性与预设性重视起来，不仅要对教学结果予以关注，还要对教学方法和过程予以重视，并注重培养学生自主获取知识的能力。另外，还要采取积极的手段和措施引导学生形成正确的价值观，进而实现全面发展目标。

要想实现有效体育教学的目标可以从以下几方面进行。

第一，深入认识学生在体育课堂教学中居于"主体和中心地位"的真正含义，尊重学生的主体性，在此基础上展开师生互动，这样能有效提高体育教学的效率。

第二，体育教师要树立"全人"的学生观，关注学生的均衡与全面发展。培养学生健康的体能、良好的技能，提升学生的心理健康水平、社会适应能力以及道德人格健康水平。在知识传授方面，不仅要传授体育知识、运动健身知识，还要传授必要的健康知识、文化知识，提升学生的知识素养。传授知识和培养技能历来在体育教学中颇受重视，但有效教学理论还要求培养学生的非智力因素，包括对态度的培养、情感的培养以及价值观的培养等，使学生的健康水平、智商和情商全面提高。表现在足球教学中，就是在注重动作技术培养的同时，培养学生的足球意识、团队协作能力和精神等。

第三，在有效体育教学中，体育教师要有意识地将学生的主体意识"唤醒"。学生主动学习是体育教学有效性的重要体现，学生作为学习主体要主动唤醒自己的主体意识。学生自我学习能力的提升是体育教学"有效益"的重要体现，在有效体育教学中体育教师要树立正确的教学理念，在科学教学思想的指导下表现出符合有效教学要求的教学行为，对学生予以关心、尊重，积极创设教学情境，将学生的学习热情激发出来，使学生以适合自己的学习方式去实现学习目标，取得全面发展与进步。

②体育教师具备反思意识。

在体育教学中，体育教师要具备一定的反思意识与能力。体育教师专业水平和业务能力的提升就是在不断的探究教学和教学反思中实现的。有效体育教学要求体育教师具备反思意识,在反思中取得进步和提高。在传统教学理念下,体育教师普遍缺乏反思意识。而在有效体育教学中,体育教师具备这种能力,改进不良教学行为,其中一个重要的前提条件就是具备反思意识。所以,只有体育教师具备反思意识,认识到了传统教学观念的弊端,才会改进不当教学行为,教学改革才会奏效。

③体育教师具备效益意识。

体育教学活动的开展一定要有所收益。需要注意的是,体育教学效益和体育教学效果并不是同一个概念,效果侧重于学生发生的积极变化,是好的教学结果,与教学目标吻合或贴近;效益侧重于学生个人需求和社会教育需求的满足。为了达到根本性教学目标,在体育教学中必须追求良好效益。而要确保和提升体育教学的效益,就要合理有序地安排各个教学环节。

在足球教学中,体育教师作为教学活动的组织者与主导者,必须具备强烈的效益意识。强烈的效益意识对体育教师的教学行为具有积极的指导作用,能帮助体育教师在教学中主动反思,自主评价教学绩效,从而促进教学效益的提升。

2. 教学过程最优化理论

(1)教学过程最优化的内涵。

教学过程最优化就是基于对教学规律、教学原则、教学方法及整个教学系统和内外教学条件与环境等多要素的综合考虑,从高效完成教学任务着眼,有效控制教学过程,根据科学教学理论,结合现有教学条件而对最佳教学方案进行探索、设计、选择及实施,以保证在已有条件下最大化地发挥各个教学要素的作用,从而取得最好的教学效果。

为了更好地完成教学任务,体育教师应依据现有的教学条件选择最佳的教学组织形式和教学方式,在规定时间内和有限的精力范围内优化整合各个教学要素,确保每一名学生在原有基础上取得最大幅度的进步,发挥所有学生的学习潜力,取得最好的教学效果。

(2)教学过程最优化的标准。

巴班斯基是最优化理论的创始人,他曾指出:"在现代学校中,教育过程最优化被理解为选择这样一种方法,它能使教师和学生在花费最少的必要时间和精力的情况下获得最好的效果。"要实现教学过程的最优化,就要从教学规则出发,以对教学规则、教学形式、教学条件及教学对象实际情况等多种因素的全面考虑为基础,使教育过程的效能得到最有效的发挥,这是教学最优化的重要条件。在最优化教学理论中,其标准主要有两条:一是时间标准。这是最优化控制的重要标准之一,指的是花最短的时间,以最小的代价取得最大的效益。二是效果标准。在规定时间内,通过合理控制教学过程促进学生的进步与发展。

(3)体育教学过程的最优化。

体育教学过程最优化是在对体育教学规律、体育教学原则、体育教学方法、体育教学条件以及教学对象实际情况等多个要素进行综合考虑的基础上,对一套合理有效的体育教学方案进行设计、选择与实施,从而取得当前体育教学条件下最好的教学效果。

体育教学过程是非常复杂的,整个教学过程涵盖众多的要素,每一个要素之间都发生着密切的联系。我们要深入探讨它们之间的联系,从教学实际出发有效设计与实施教学方案,保证在现有条件下能最大限度地完成好教学任务,减少不必要的教学时间消耗和师生精力消耗,以最优化教学过程取得最佳教学效果。

3. 信息化教学理论

(1)信息化教学的概念。

信息化教学是指在现代教学理念的指导下,教师充分利用现代信息技术,整合与运用丰富的教学媒体和信息资源,构建良好的教学环境,引导学生积极发挥主观能动性,使学生自觉成为知识和信息的建构者,从而不断提高教学质量的过程。

(2)信息化教学的要素。

传统教学系统的主要构成因素包括教师、学生及教学内容。信息化教学系统的构成因素在传统教学系统的基础上增加了媒体因素,即包含教师、学生、教学内容及媒体四个要素,这几个要素之间的联系非常密切,共同推动着教学系统的发展。

(3)信息化教学基本理念。

信息化教学倡导“以人为本”的基本教学理念,坚持以学生为本。具体要做到以下几点。

①确立学生的主体地位。强调以学生为中心安排教学活动,一切教学活动都要围绕学生这一主体进行。

②强调学生的主观能动性。学生是体育教学活动的主体,一切教学活动都要围绕学生进行。因此,在教学过程中,要充分激发学生学习的积极性,注重学生在学习中的积极参与,激发学生的最大潜能。在信息化社会,体育教师要充分利用多媒体技术吸引学生参与其中,取得理想的教学效益。

③强调师生积极主动地进行互动交流。教学活动,本身就是由教师和学生之间的积极主动互动交流所形成的。一般来说,多样的师生互动交流,对于缩短师生的心理距离,增强学生的学习兴趣是非常有帮助的。

六、校园足球教学设计理论

(一)体育教学设计

对于体育教学设计的观点,能够把体育教学设计看作一项全面的研究与计划任务。这个任务旨在达到最好的体育教学成果,并依据学术理论、教育理论、信息技术及体育教学原则进行理论支撑,借助一套详细的执行流程,对体育教学流程中的所有元素(例如体育教师、学生、课程内容、环境条件、教学目标、媒介、组织形式)进行有效整合,从而优化体育教学流程。

(二)足球教学设计

1.足球教学设计的概念

按照前述的体育教学设计观念,足球教学设计实际上是基于常规的教学设计以及体育教学设计的原则,根据一些足球的教学原则与特点,对整个足球教学过程进行系统性设计的一门实践性的学问。

2.足球教学设计的指导思想

(1)素质教育观。

素质教育是现代教育的根本需求,素质教育要求全面贯彻党的教育方针,以德育作为主导,把创新思维和实践技巧作为关键,面向所有的学生,使学生在道德、智慧、身体、审美、劳动等各个领域都能够平衡地发展。

一般来说,素质教育观主要包括以下几个教育观念:

①全面发展的教育目的观。

②面向全体学生发展的学生观。

③面向未来的人才观。

④学生主体的发展观。

（2）现代体育教育观。

体育教学设计要遵循素质教育的理念和要求,必须转变传统的体育教育观念,树立现代体育教育观念。

①坚持"全面发展""健康第一"的指导思想。

②贯彻与实施全面教育的指导思想。

③贯彻与实施终身体育的指导思想。

（三）足球教学设计的原则

1. 目标导向原则

在整个体育教育体系中,体育教学目标的重要性不言而喻。因此,体育教师需要以此为基础,合理规划足球的教学设计。在开始制订足球教学计划时,体育教师需要仔细研究并解释一套完整的足球课程目标,明确大目标和小目标的联系,并寻找科学的教学手段以达成足球课程的目标。确定足球教学目标的过程中,我们必须对教学的当前状态和存在的问题进行详尽的研究,并对学生的个别情况进行深度剖析。根据教学的实际情况和学生的真实需求,我们才能设定出足球教学的目标。接下来,所有的教学策略都应该以此为核心。

2. 可操作性原则

对于足球的教学设计方案,必须确保其具备实用性,才能确保其教学成果与品质。虽然存在各类足球的教学策略,但无论采取何种策略,都应该注重其执行的可执行性。体育老师需要根据当前的足球教学环境、教学条件以及学生的真实能力来制定教学策略,只有紧密结合实际情况的策略,才算真正具备实用价值的策略。若将足球的教育规划得过于宏大,可能会与真实环境产生偏差,这将对提升足球的教育品质产生负面影响。

3. 整体优化原则

全面提升的足球教育策略意味着妥善管理和协调足球教育体系内的每一部分,并充分挖掘其全面性,从而实现预期的教育成果。若希望充分运用足球教育体系的潜力,必须保证每一个子部分都实现最佳状态,接着通过融合实现全面的提升。运动员需要根据最佳的教学目的,把所有的教学元素和步骤融合进教学系统的全面改良方案中,从而共享所有元素的效果与影响,让运动教学系统的整体性能得到充分发挥。

4. 灵活性与实效性相结合原则

足球教学的过程需要坚持将灵活性和实践性融为一体的原则,这也是体育教师必须拥有的关键品质。足球的教学过程包含的内容很多,特别是对于教学手段的构建显得至关重要。作为体育老师,他们需要根据学生的个人需求来适当地规划并采取足球的教学手段,以便最大限度地使得学生可以在真实的竞争环境或者模拟竞争场景下获取知识并熟练掌握运动技巧。此外,足球的教学方式需既吸引人又具备成效,只有采用适当的教学方法才可以有效地优化足球的教学水平。

5. 趣味性和针对性相结合原则

在足球教学设计体系中,需要注重教学手段和教学结构的创新,并且需要打造出富有活力、富有趣味性的教育环境。学生可以在这种充满活力的教育环境下,用充沛的热忱和积极的态度去掌握并提升他们的足球技巧,从而更好地增强他们的学习效果,推动学生的运动能力的提升。此外,由于每一位学生在足球基本知识、运动习惯以及学习技巧等方面都有所不同,因此在制定足球教育计划时,需要突出教育的目标性和分级性,并将集体教学和个性化教学相融合,以确保学生都能得到进步。

(四)足球教学设计的步骤

1. 仔细分析足球教学实际

分析足球教学课的实际是设计足球教学方案的基础,是足球教学设计的基础阶段,在这个阶段要全面分析学生的学习需要和具体的教学内容,教学内容应包含本节课的教学思想、教学内容、教学重难点、教学过程、教学策略等各要素的分析情况。

2. 合理设计足球教学内容体系

设计阶段是体育课教学设计的核心阶段,在这个阶段要完成对体育教学目标、教学策略以及教学过程的设计。教学目标、教学策略、教学过程是教案的主要内容,设计完成后便可以编写教案。事实上,设计这些内容与编写教案是很难完全分开的工作,很多时候需要同时操作来完成。在教学策略和教学过程的设计中,包含很多具体的设计内容,如教学组织形式、教学方法、教学手段、教学步骤、练习强度等。体育教师要根据具体的教学实际合理地设计。

3. 科学评价足球教学设计方案

体育教学设计评价是体育教学设计的最后一个阶段，这一阶段内容也非常重要，在实际的教学中有可能不受重视或忽略。通过评价教学效果来判断设计的教学方案是否科学、合理，是否是最优方案和高质量方案，这是提高足球教学质量的重要保障。

一般来说，体育教学设计评价主要包括以下内容。

(1)设计理念是否符合现代学校教育的要求。

(2)设计的教学方案是否遵循了体育教学的规律和原则。

(3)设计的足球课的结构安排是否合理、内容是否完整等。

(4)设计的教学方案是否合理，文字表达是否准确、清晰、恰当。

(5)设计的教学方案是否具有较强的可行性。

(6)设计的教学方案是否具有创新性。

第三节　校园足球教学的基本原则

一、主体性原则

校园足球教学的主体性原则，是指在相关活动中对于诸多教学元素的选择要与学生的需求和特点紧密结合。与此同时，学生也要对教师的教学予以配合，这样才能取得理想的教学效果。遵循校园足球教学的主体性原则需要注意以下几个方面。

(一)校园足球教学是教与学的双边活动

在校园足球教学过程中，"教"和"学"是两个独立的环节，"教"由教师进行，而"学"则由学生来完成，两者的角色应该是平等的。因此，教师在教学过程中需要尊重学生，确保学生能够充分发挥主体性，从而提升学生的自主解决问题的能力。

(二)引导学生明确学习目的

学习效果和学习动力有着紧密的关系。若学生对自己的学习目标缺乏清晰认识,或者对自己的学习动力产生误解,学生将无法积极地投入学习中。因此,体育教师必须正确引导学生并掌握学生的学习目标。

(三)培养学生学习足球的兴趣

学生的学习动力往往源于兴趣。一旦学生对某事物产生兴趣时,学生的学习积极性得到明显提升,在教育过程中的专注程度和投入程度也会相应提高,如此教学效果自然最好。因此,教师需要在教育过程中,从各种因素中寻找能够激发学生学习兴趣的因素,以便让学生充满热情地参与到学习活动中来。

(四)建立民主平等的师生关系

一个优秀的教学环境是民主平等的,民主平等的师生关系有利于推动教学过程的顺利进行,也能让教师和学生在教学过程中深刻认识到自己的主导角色。在实际的足球教学过程中,体育教师需要关心每一个学生,实施针对性的教学,从而构建民主平等的师生关系。

二、实效性原则

校园足球教学的实效性原则,是一切足球教学活动要以切实为学生的进步为目标,并为最终教学效果的实现解决教学中所遇到的各种问题。贯彻这一原则需要注意以下几个方面的要求。

(一)选择合理的教学方法

教学方法对教学活动的顺利开展起着非常重要的作用。因此,一定要设计与选择合适的教学方法。一个好的教学方法能直接让教学产生实效,激发学生的兴趣,教学质量也就随之提升。为此,教师除了要选择好传统的教学方法,还要尝试创新教学方法,这样才能促进教学质量的提高。

(二)经常性开展调查研究

负责组织校园足球教学活动的教师不应仅仅满足于当前的教学能力和理念,在业余时间中还要不断研究足球运动的最新变化和发展趋势。即便足球运动已经是一项较为成熟的运动,但其仍旧处于发展之中,这一点可以从每届足球世界大赛中看到,每次都展现给人们足球运动更新的发展成果。教师要时刻关注足球运动的发展动向,这是保持其教学与时俱进的关键,只有如此才能满足学生不断增长的足球学习需求。这也是校园足球教学活动秉承实效性原则的表现。

(三)用唯物辩证法指导教学工作

在校园足球教学中,遇到的问题需要体育教师以"一切从实际出发"的唯物辩证法观点来解决,注重剖析事物的本质,抓住教学难点和教学重点,以解决教学过程中的各种问题。

三、直观性原则

校园足球教学的直观性原则,要求教师更多利用学生的感官和已有经验以快速在学生脑中建立起足球技能表象和感觉,最终使学生扎实掌握足球技能。贯彻直观性原则需要注意以下几个方面的要求。

(一)明确教学目的和要求

直观性的教学一定要建立在清晰的教学目标和要求之上,为此,教师对这些教学元素要有深入的研究,并在此基础上贯彻直观性教学的原则。举例来说,对于刚开始学习足球的学生,根据他们的现阶段水平,可更多选择动作示范、技术图片等直观方法教学。而对已经具备一定技能水平的学生的教学,则可以选择视频录像、战术演示软件等直观方法教学。

(二)应尽可能多地利用学生的多种感官

如视觉、听觉、触觉等可以使学生了解足球技战术表象,如此有利于学生培养出理想的学习积极性。

(三)要善于启发学生思维

学生足球运动思维的启发非常依赖教师的提点,有时经验丰富的教师非常善于发现学生的问题,并给予适时适度的提点。这会让学生有一种豁然开朗的感觉,这也是体育教学秉承直观性原则的一种具体表现。

四、循序渐进原则

在校园足球教学中,需要遵循逐步提升的原则,需要根据足球运动技能的发展规律,按照由简单到复杂、由单一到综合的步骤来安排教学。为了实施这个逐步提升的基本准则,需要关注以下几个重点。

(一)注意教学内容的系统性

校园足球教学的过程必须按照基本大纲的要求进行,只有在经过深入的指导下,教师才能依据教学进度和课程安排来有序地执行教学,才能达到预期的教育成果。

(二)注意教学方法的系统性

对于学生的足球运动技术的训练,必须分成几个步骤:定向阶段—巩固提高阶段—熟练阶段—自动化阶段等,每个阶段的学习成果都会有所差异。因此,教师必须全面考虑如何将足球技术和学生的技能训练相融合,并且制定和挑选出最佳的教学手段方式,从而达到教学目标。

(三)合理安排运动负荷

合理的运动负担分配是评估一名足球教师教学技巧的关键因素。参加校园足球课程的学生和专业足球运动员在根本性上存在差异,主要反映在学生的基础身体素质等方面。针对大部分未曾接受过运动锻炼的学生,教师在安排运动负荷时需要依照学生的身体素质发展规律,必须合理安排运动负荷进行适当管理,不可只注重提升运动技巧,而忽视学生的身心发展。

五、因材施教原则

教师在学校组织开展校园足球各项活动的对象是全体学生,因此就会对学生提出一致性要求。但与此同时,教师还需要在了解学生个体情况的基础上做出一些针对性的教学指导。这是一种因材施教的理念,是对学生个体予以尊重的表现。在开展校园足球教学过程中秉承因材施教的原则,具体应做好如下几点。

（一）从整体上把握

在校园足球的教学活动中,教师做出的教学行为的总目标是使全体学生都能学到技能。为此,在制订教学计划之际,就应对其中所有要素的制定从整体上予以把握,以使之适合全体学生的发展。在此基础上,再考虑以学生的不同运动能力为依据进行分组,要为能力较强、基础较好的一组学生创造更好的进阶途径,而对那些基础和能力相对较差的学生,也要以同样的热情指导其学习和进步。

（二）坚持从客观实际出发

要想在教学中秉承因材施教的原则,教师就需要对每一名学生的个体情况有所了解,其需要了解的重点内容为学生对足球的兴趣、初始运动技能、身体素质状况、学习能力等。这些内容就是因材施教所必需掌握的信息。这些信息也是体育教师贯彻因材施教原则的关键所在。

第四节　校园足球教学的有效实施

一、校园足球教学目标的确定

（一）确定校园足球教学目标的依据

校园足球教学目标是在校园足球教学中,教师要求学生通过学习足球相关内容应该达到的教学效果和教学标准。

1. 教学总目标

教学总目标指的是各阶段教学目标的总标准,每一级教学目标都是为实现教学总目标而服务的。

在制定足球教学目标时,应当将整个足球教学系统中的每一个具体的目标与教学目标之间存在的联系都考虑进去,要做到思路清晰、层次分明,这才是实现足球教学总目标的必要前提。在制订学校足球设计时,应当将足球教学的总目标与学校整体的目标充分结合在一起。每一节足球课程的教学目的都是为实现足球教学总目标奠定基础。

足球教学的总目标主要包括以下几项内容。

(1)全面改善大学生身体素质,增强其对足球运动的兴趣,促进其对足球的认识;使学生能够更好地掌握足球的战术与战术,并在此基础上培养出一支团结合作,拼搏进取的精神,为祖国的足球事业输送更多的后备力量。

(2)充分利用足球运动的教育职能,促进基础教育的发展。

(3)加强学校足球活动的标准化,促进学校足球的发展。

(4)按照国家对青少年校园足球发展的战略部署和要求,制定出符合我国国情的学校足球发展策略,逐步形成一套行之有效的指导方针,从而推动学校足球的健康发展。

(5)各有关学校在学校足球工作领导小组的指导下,积极地实施各项工作方案。

2. 教学功能与内容

体育的职能将直接影响教学目标的确定,体育职能的多样性决定了体育教学目标的多样性。足球运动是一项极具特色的运动项目,不仅具有体育运动的一般功能,还具有教学育人的功能。在校园足球课程中,应当根据不同的教学功能设计不同的教学目的。

在设计与明确足球教学目标时,应当对足球的相关教材与内容进行详细的分析与研讨,这既要体现在教学内容的多样性与全面性上,也要突出教学的特点、难点,体现足球运动的主要特征以及规律。

3. 学生身心特点

在足球教学中,教学的主体则是学生,在制定足球教学目标时,应当将学生的兴趣、态度、需求、学习倾向等诸多个人因素融入其中,还要遵循学生身体与心理的发展规律。

为了能够将校园足球的作用最大化,首先要做的就是吸引学生的关注,激发学生的热情。这就需要按照学生的生理、心理、智力的特征,将足球运动所具备的趣味性、目的性、对抗性结合在一起,让学生从简单到复杂逐渐掌握足球的知识与技巧,并且,从中获得参加足球运动的基本素质。

4. 客观教学条件

客观的教学环境从一定程度上来讲对教学过程有着制约作用。因此,在体育教学过程中,应当坚持实事求是,不能与现实脱节。在制定足球教学目标时,应当根据学校实际情况,充分利用好学校足球场地、器械等设施,为实现足球教学目标保驾护航。

(二)不同学段的校园足球教学目标

不同学段的校园足球教学,在教学目标上是有差异的,这是校园足球教学目标阶段性和层次性的体现。

1. 小学

小学校园足球教学是校园足球教学的初级阶段,这一阶段要抓住小学生的身心特点来确定教学目标。总的来说,小学阶段校园足球的教学目标是让学生通过踢球来提升其对足球运动的熟悉度,使学生对足球运动产生兴趣,自觉地亲近这项运动,并形成基本的球感。

2. 中学

中学分初中和高中两个阶段,这两个阶段的校园足球教学目标是逐渐递进的。

(1)初中。

初中阶段校园足球教学目标主要包括以下几个方面。

①使学生掌握基本足球技能。

②使学生对足球战术要素、基本比赛规则有一定的了解。

③使学生的体能和足球运动能力得到提高。

④使学生初步形成足球健身意识。

(2)高中。

高中阶段校园足球教学目标主要包括以下几个方面。

①使学生熟悉足球战术要素和足球比赛规则。

②促进学生体能和足球技能水平的进一步提高。

③使学生积极参与足球比赛,培养比赛能力。

④使学生的足球健身意识得到增强,养成足球锻炼的行为习惯。

3. 大学

大学校园足球教学是校园足球教学的高级阶段,在这一阶段要达到更高的足球教学目标,具体如下。

(1)使学生对足球技战术要素和足球比赛规则熟练掌握并运用。

(2)使学生的足球技能更加稳固。

(3)使学生足球健身意识进一步强化,保持良好的足球锻炼习惯。

(三)校园足球教学的模块目标

校园足球教学目标不仅有学段目标之分,还有模块目标之分,即校园足球要实现不同领域的教学目标。

1. 运动参与目标

在运动参与领域,校园足球教学应实现如下目标。

(1)使学生养成正确的身体姿势习惯。

(2)使学生体能发展良好。

(3)使学生关注自己的健康,了解健康的影响因素,清楚不良内外环境因素对自身健康的危害。

(4)使学生科学参与体育运动。

(5)使学生积极参与足球活动。

(6)使学生掌握体育运动的基本技能。

2. 运动技能目标

校园足球教学在运动技能领域的目标主要包括以下几方面。

(1)使学生熟练掌握足球技能。

(2)使学生在足球比赛中能够灵活运用足球技战术进行对抗。

(3)使学生安全参与足球活动,掌握处理常见问题的技能与方法。

3. 心智健康目标

校园足球教学中,要培养学生的心理素质和健康智力,具体要达到以下目标。

(1)使学生对身心健康的重要性和身体发展与心理发展的关系有正确的认识。

(2)使学生在足球运动中能够进行情绪的自我调节。

(3)使学生养成坚强的意志品质,塑造集体主义精神,提高团结合作能力。

(4)提高学生的一般智力水平与运动智能水平。

4. 人文素养目标

在人文素养层面,校园体育教学要实现如下目标。

（1）使学生树立人文思想，积累人文知识。

（2）塑造良好的人文情怀，使学生对人类发展与人类价值予以关注和尊重。

（3）培养学生的审美情趣和审美素养。

（4）弘扬足球之美，对学生发现美与创造美的能力予以挖掘和培养。

（5）对学生的体育意识、体育道德进行培养。

（6）使学生形成正确的社会意识，培养民族情感和责任感。

二、校园足球教学内容的设置

（一）校园足球教学内容设置的准则

校园足球教学内容的选择直接影响校园足球教学目标的实现，只有合理设置教学内容，恰当选择教学内容，科学实施教学内容，才能逐步实现足球教学目标。为增强校园足球教学内容设置的科学性和合理性，在设置中要遵守下列准则。

1. 培养兴趣、促进健康

设置与选择校园足球教学内容，要从校园足球自身的特点及学生的兴趣爱好出发来合理安排，足球课上所开展的教学内容应能够使学生在愉快的氛围中有所收获，取得进步，使学生参与足球运动的兴趣更浓意愿更强烈。

校园足球教学内容必须能够促进学生健康，在增强学生体质的基础上提升学生的足球运动技能。健康的内涵是丰富的，要尽可能选择能够促进学生身心健康、道德健康以及社会适应能力提升的足球教学内容。

2. 符合年龄、正确排列

在校园足球教学中，应从学生的年龄特点出发来合理选择教学内容，使教学内容与教学对象的年龄特点相符。应遵循循序渐进、先易后难的原则来正确排列足球教学内容。例如，对于刚开始接触足球运动的低龄和低年级初学者，要以基本球性练习为主要教学内容，多设置一些足球游戏类内容，使学生的基本运动能力和身体素质得到很好的锻炼。随着学生年龄的增长和对足球熟练度的提升，则应设置足球基本技术作为主要教学内容，如基本传球技术、运球技术、射门技术等，内容的难易程度逐渐增加，使学生逐渐掌握足球基本技术。之后可以安排足球比赛类的教学内容来锻炼学生的足球技术运用能力,培养学生的团结协作精神。

足球教学内容主要有两种排列方法,分别是直线式排列和螺旋式排列。前者是指某一教材内容教过之后就不会再重复,后者是指某一教材内容反复出现在不同年级的教学中,但教学要求是逐渐提高的。在足球教学实践中,往往将这两种排列方法结合起来运用,从而科学排列各项足球教学内容,分清内容主次,达到学习、掌握及巩固的教学目的。

3. 实践为主、理论为辅

校园足球教学的目的主要是增强学生体质,培养与提高学生的足球运动技能,培养足球后备人才,这就决定了校园足球教学应以实践内容为主,多安排实践活动与练习,使学生在实践参与中不断练习、不断巩固,逐渐提升健康水平和掌握足球技能。我们在强调足球实践教学重要性的同时不能忽视足球理论教学,理论教学虽然是辅助性的,但也发挥着重要的作用。足球运动历史悠久,在漫长的发展中形成了丰富的理论知识体系,在足球科研中产生了非常多的研究成果。在校园足球教学中设置生动有趣的理论内容,有助于提升学生对足球运动的认识水平和参与兴趣,培养学生的足球理论素养,并为学生参与足球教学实践提供科学指导。

4. 科学统一、安全为上

校园足球教学内容应该是健康文明的、健康价值突出的、教育意义鲜明的,对完成足球教学目标有重要作用的。这些都体现了足球教学内容的科学性,也是设置足球教学内容的重要原则之一。选择足球教学内容必须考虑其是否对学生健康有利,是否能够提高学生的足球运动技能,是否能够实现教学目标。此外,选择与设置足球教学内容还要考虑安全性,要结合教学对象的生长发育特点来科学设置,尽可能选择对学生成长有利的、安全系数高的教学内容。对抗性太强的内容存在一定的危险,发生伤害事故的可能性较大,不适宜作为青少年足球教学内容。

(二)校园足球教学内容设置示例——小学阶段

小学共有 6 个年级,学生的年龄基本在 6～12 岁,是从幼儿向青少年转变的重要阶段。小学生从低年级到高年级的年龄跨度较大,身心发育呈现出明显的阶段性特征。在小学阶段抓住学生的身心特点而科学组织与实施足球教学,能够在很大程度上促进学生健康发育与全面成长。因此,在小学阶段要以学生的身心发展情况为基本出发点，遵循学生发育规律，合理设置足球教学内容，制订足球教学计划，选用恰当的教学方法去落实教学内容，达到预期目的。

下面简单分析不同年级如何从学生实际情况出发来对足球教学内容做出合理安排。

1. 小学一、二年级足球教学内容设置

小学一、二年级的学生年龄比较小，从身体上来看，还没有真正开始发育，从心理上来看，他们还是儿童，其身心特点主要表现为力量弱、速度差、注意力集中时间短、好奇心强等。面向一、二年级的学生进行足球教学，主要是普及足球，使学生认识足球，感受足球的乐趣，从而获得愉悦和欢乐。对此，教师可以选择一些简单的足球基础球性练习内容作为教学内容，也可以组织简单的足球游戏，使学生对这项运动产生兴趣，在愉快的氛围中踢球，提高身体协调能力，并为下一阶段的学习打好基础。

适合小学一、二年级学生的球性练习内容有踩球练习、揉球练习、拉球练习、颠球练习等。教师在足球课上设计的足球游戏应该灵活一些，要使学生将注意力集中在课堂上，激发学生的参与兴趣和积极性，并使学生对球的基本空间位置有简单的认识与了解，在此基础上将基本运球技术的内容加入其中，培养学生的协调能力和灵敏性。

2. 小学三、四年级足球教学内容设置

小学三、四年级的学生经历了两三年的小学生活后，无论是从思想上还是从心理上，都与儿童时期有所不同，这一阶段的学生集中注意力的时间有所增加，上课比较专注，并喜欢在课堂上表现自己。此外，这一时期学生的身体也开始有所发育，但其协调性、平衡性比较差，因此在足球教学中要注重对这些身体素质的培养。三、四年级的学生有了一定的足球基础，这一阶段要重点学习基本的足球技术，如传接球技术、运球技术和简单的射门技术，通过学习这些技术来对足球技术结构有基本的了解，对足球基本技术动作有初步的掌握，同时使学生对足球的兴趣更强烈。

在小学三、四年级的足球教学中，基础性练习的内容和方法都应该比小学一、二年级阶段更丰富一些，如从原地练习过渡到移动中练习，从单脚练习过渡到双脚练习，增加磕碰球、拖拉球等球性练习，使学生能够更好地控制球。在传接球与运球技术教学中，除了继续巩固脚背正面接球、脚背正面运球技术，增加新的传接球方法和运球方法教学，如脚内侧传接球、脚背内（外）侧运球等。

3. 小学五、六年级足球教学内容设置

小学五、六年级的学生正处于运动技能发展的敏感期,这一阶段的孩子身体迅速发育,心理上自我意识逐渐形成,经过之前几年的足球学习经历,打好了一定的足球基础,对足球技术的构成、基本技术的动作方法都有了不同程度的了解。这一阶段足球教学的目标主要是继续强化学生对足球运动的兴趣,提高学生的足球技能运用能力。为达到这一目标,应设置一些具有对抗性的、具有一定强度的足球技术作为主要教学内容,并组织对抗性的足球比赛,使学生在比赛中灵活运用和巩固所学技术。

在小学高年级足球教学中,之前低年级阶段的教学内容依然可以继续教,以达到不断熟练、巩固和提升的效果。要注意的是,虽然教学内容没变,但教学形式的难度要大一些,要求也严格一些,而且要将组合、对抗等新元素加入其中,以实现更高水平的教学目标。

三、校园足球教学方法的选用

(一)校园足球教学方法选用的原则

1. 根据教学目的与任务选用

在足球教学的不同阶段,教学目的、教学任务有所差异,在同一阶段的足球教学中,不同足球课的课堂教学目标和教学任务也有所不同。足球教学方法的选用要以足球教学目的和教学任务为依据,根据不同的教学目的与教学任务而选用具有针对性和实用性的不同教法,实现教学目的、教学任务、教学内容、教学方法的统一,整体提升课堂教学效率和教学质量。例如,在足球新授课上,要以语言教学法、直观示范教学法、直观演示教学法为主,从而以简驭繁,使学生对足球动作要领有更好的掌握。在足球练习课和复习课上,以比赛法、练习法等教学方法为主,以达到巩固技能和提升技能水平的教学目的。此外,在足球单元教学中,前段课为培养学生的足球兴趣,主要采用游戏法、发现法来教学,后段课为培养学生的自主学习能力,主要采用小群体教学法、比赛法等方法展开教学。

2. 根据学生实际情况选用

在足球教学过程中,应当从学生实际情况出发,根据学生的身体素质、心

理与生理特征、技术基础等方面,采用合适的教学方式。足球教师应当对学生实际情况,包括年龄、智力、能力、身心健康状况等方面进行全面考察,并做出恰当的选择。只有这样,才能将教学方式的功能充分发挥出来。

3. 根据教学方法的属性选用

没有一种教学方式是万能的,都有着独特的适用范围和适用环境,因此,应当明确不同教学方式的局限性,根据不同的教学方式,因地制宜,把握好力度与分寸。这就要求足球教师应当根据不同教学方式的适用范围、环境、适用条件、优势与劣势等特征,结合当前实际情况进行选择。因为不同的教学方式都有着各自的优势与不足之处,所发挥的作用也各不相同,所以,应结合教学需求,对这些方式进行优化与完善。

(二)校园足球教学方法选用示例——小学阶段

小学阶段的时间跨度较大,学生之间的身心发展差距也相对较大,因此,应当从以下三个阶段入手,共同对校园足球教学方式进行探讨。

1. 小学一、二年级教学方法选用

一年级与二年级的学生由于不熟悉课堂互动,通常在课堂中表现得过于活跃,很难维持好课堂纪律。另外,这些学生的学习能力目前处于初级阶段,只有好奇心、模仿能力相对较强,还缺少主动参与、合作学习的能力。因此,语言法、直观法以及有趣的游戏等,这种方式更适合学生。

2. 小学三、四年级教学方法选用

三、四年级的学生已经初步形成了课堂观念,还具备了较强的好奇心与模仿能力,对于足球运动也产生了一定的感性认识。但是,因为技术还未成熟,他们很容易出现一些违反体育规则的自创性动作,这就需要教师及时对其进行调整与矫正,一定要保护好学生的安全。因此,在教学过程中,采用语言教学法、整体教学法等方式,使学生能够掌握正确的足球技巧与规则,从而提高学生的足球水平。

3. 小学五、六年级教学方法选用

小学五、六年级的学生在生理和心理上较之前明显成熟,他们思维敏捷、善于观察、认识能力较强,而且模仿能力和好奇心依然比较强,经过几年的足球学习积累,具备基本的足球运动能力,有强烈的参与和表现欲望。针对这些特点,应注重进一步提升学生的技术能力,选用完整与分解教学法;通过重复、循环和比赛练习法,以巩固和提高其技术水平。

四、校园足球教学模式的构建

(一)校园足球教学模式的构建原则与步骤

1. 构建原则

(1)坚持教学目标、内容、形式、结构与功能的统一原则。

从本质上讲,足球教学模式的建构是处理好足球教学活动中形式与内容、结构与功能的关键问题。所以,教师应全面分析各种足球课的结构和形式、功能及作用,并以教学目标和条件为依据合理选择教学模式。

(2)坚持借鉴与创新的统一原则。

足球教学模式的建构要坚持借鉴与创新的统一性。借鉴包括两方面的含义,一方面是借鉴国外先进教学模式理论,另一方面是借鉴国内先进教学模式理论与成功教学经验。坚持借鉴与创新的统一,就是要在正确教学思想的指导下改革落后教学模式,借鉴前人和他人的成功经验和理论,结合教学实际来提高足球教学效率。

2. 构建步骤

(1)明确指导思想。

明确以哪种教学思想为依据构建模式,从而为模式的构建奠定理论基础,并使教学模式的主题更加突出。

(2)确定建模目的。

明确指导思想后,确定构建足球教学模式的目的。

(3)寻找典型经验。

通过调查研究,寻找符合模式构建指导思想与目的的典型经验或原型作为教学案例。

(4)抓住基本特征。

运用模式方法分析教学案例,概括教学案例的基本特征与基本教学过程。

(5)确定关键词语。

确定表述教学模式的关键词。

(6)简要定性表述。

简要地对教学模式进行定性表述。

(7)对照模式实施。

对照教学模式展开实践教学,进行实践检验。

(8)总结评价反馈。

通过教学实践验证,归纳总结检验结果,初步调整与修正模式,并反复实践直至完善。

(二)构建校园足球教学新模式

1.启发式教学模式

启发式教学模式指的是围绕学生主体开展足球教学活动,以学生的积极主动性为基础,使学生积极思考与独立探究问题,发现并掌握知识,最后得出相关结论的教学过程。启发式教学模式强调学生主动参与教学,自主探索知识,着重培养学生的探索精神和创新能力。

2.小群体式合作、竞争教学模式

将小群体合作与竞争模式运用到足球教学中,使学生在和谐的小群体氛围中相互帮助,相互合作,并展开公平竞争,体会合作的意义和竞争的乐趣。小群体合作与竞争教学模式有助于激发学生的自主思考意识与能力,促进学生探索与创新能力的提升,使学生更有个性和创造性。在小群体教学氛围中,小组学生为了实现共同目标而展开合作,互帮互助,在互相协商、讨论中增强合作意识,这不仅有助于尽快实现小组学习目标,还有助于提高课堂教学效率,这种合作意识与能力对学生今后的学习、生活都有重要意义。在小群体竞争环境下,学生体验足球的竞争性和对抗性,在轻松愉快的氛围中公平竞争,积极争取主动权,力争从竞争中脱颖而出。学生从中塑造的竞争意识、竞争精神以及竞争力将成为其终身学习的内在动力。在群体合作与竞争模式中,学生能够获得喜悦、成就,也可能会尝试失败,遇到冲突与矛盾,这个过程对学生的成长具有重要意义。

将小群体合作与竞争教学模式运用到足球教学中时,要多设计一些游戏类的教学内容,而且考虑到学生的体质差异、运动能力差异、足球基础差异,应对学生进行合理分组,进行针对性教学。对于足球基础较差的组,以基础性的足球游戏教学为主,对于足球基础和体质都比较好的组,以具有一定对抗性和竞争性的足球游戏教学为主,不管是对哪组学生进行教学,都要以安全为主,把安全放在首位,做好热身准备,加强安全防护,有效预防和干预运动损伤。

3. 课内外一体化教学模式

课内外一体化教学模式是指将课内教学与课外活动有机结合起来,而且在学生综合成绩评定中,学生的课外活动表现成绩也占有一定的比例。课外活动的开展应达到目的性、计划性和组织性等要求。

在校园足球教学中,构建课内外一体化教学模式,要求在校园足球改革背景下,树立健康第一、终身体育、素质教育等指导思想和教学理念,在以课堂教学为主的基础上,围绕学生发展这一中心而开展具有延伸性与拓展性的课外足球活动和课余足球锻炼,将课堂教学与课外活动有机结合起来,以更好地实现校园足球教学目标。

课内外一体化教学模式具有较强的弹性,能够为学生提供比较大的学习空间,对学生的学习潜能予以挖掘,将学生的学习热情充分调动起来,促进学生个性的发展、创造精神的塑造以及实践能力的提升。课内外一体化教学模式使学生在更大的平台中学习与交流,为学生自主选择足球锻炼内容和活动方式而提供良好的机会与空间,使学生参与校园足球活动的多元需求得到满足。

五、校园足球教学评价的落实

(一)校园足球教学中教师教学的评价

1. 评价内容

在校园足球教学中,对教师的教学进行评价,主要是评定教师的工作完成情况,包括完成的数量、质量和工作价值。在教师教学的评价中,应重点对其专业素质和课堂教学组织情况展开评价。

(1)专业素质评价。

对足球教师的专业素质进行评价,主要包括下列三个方面的内容。

①职业道德。

在职业道德方面,主要评价教师的敬业精神,评价教师是否尊重学生和热爱教育事业。

②教学能力。

对足球教师的教学能力进行评价时,应着重评价以下能力。

第一,对足球教学内容的熟练程度。

第二,熟练掌握与灵活运用现代教育理论和先进教学方法的能力。

第三,体育教学基本技能。

第四,培养学生足球兴趣和终身体育意识与良好锻炼习惯的能力。

第五,运用现代教育技术对足球教学资源进行开发的能力等。

③教育科研能力。

在教育科研能力的评价中,一方面要评价足球教师的学习能力,另一方面要评价其研究能力。

(2)课堂教学评价。

评价足球课堂教学情况,应将发展性评价和结果性评价结合起来,目的是改进足球教师的教学工作,提高课堂教学效率。在具体评价过程中,要从课堂教学目标、课堂结构安排和组织、教学内容的适宜性、教学方法的合理性、师生互动情况、教学技巧运用情况及最终教学目标达成情况等多个方面着手展开。

对足球教师进行教学评价,既可以评价一节课的教学情况,也可以进行阶段性评价,还可以从整个课程的教学情况出发展开评价。评价足球教师教学活动的有效性,主要是看教学结果是否达成了教学目标,这主要从学生的学习结果中反映出来。此外,要重视对比性评价和过程性评价,即评价学生学习前后的差别及其在学习过程中的态度和进步情况,这些都能真实地反映教师的教学情况。

2. 评价形式

在足球教师教学的评价中,要从足球课程要求和开展现状出发而制定足球教师专业素质评价量表和足球教师课堂教学情况评价量表,展开定量评价,同时要结合学生评述和教师自身的评述来进行定性评价。

(1)教师专业素质评价形式。

在这方面的评价主要采用定量评价、阶段评价、综合评价、自评、他评(专家、同行)等几种形式。

(2)课堂教学评价形式。

在这方面的评价主要采用下列两种形式。

①即时性评价。

这是一种教师自评的方式,在每次足球课结束后,教师简要评述本节课的情况,以总结为主。

②阶段性评价。

阶段性评价以总体评价为主,评价主体可以是专家、同行,也可以是学生,每学期随机评价若干次,将定性评价和定量评价结合起来。定量评价以分析和对比学生的成绩为主要标准。

阶段性评价的结果要及时向评价对象反馈,并提出适宜的整改建议,为足球教师提供参考。

(二)校园足球教学中学生学习的评价

1. 评价目的

在校园足球教学中,主要基于以下几方面的目的而对学生学习进行评价。

第一,对学生的学习表现加以了解,清楚学生的学习情况与学习目标之间的差距。

第二,对学生在足球学习中遇到的问题加以了解,并分析原因,从而对教学过程加以改善。

第三,通过测验进行评价,使学生有机会展示自己的个性和足球运动水平,鼓励学生勇于表现自己。

第四,对学生的自我认识、自我反省和自我改进意识进行培养。

2. 评价内容

学生学习的评价内容包括三个方面,分别是侧重横向水平能力评价的“技能性评价”“素养性评价”和侧重纵向进步评价的“发展性评价”。

(1)技能性评价。

技能型评价主要是评价学生的足球专项体能素质、足球技战术能力,评价时主要参考足球教学的运动参与目标、运动技能目标和健康目标。

(2)素养性评价。

素养性评价主要是评价学生的道德和审美素质,主要参考的是足球教学中的心智健康目标和人文素养目标。具体评价内容包括学生的运动心理、团结协作意识与能力、社会责任感、对足球美学的认识与运用等。

（3）发展性评价。

发展性评价属于动态性评价，以阶段性评价的形式展开，主要用于纵向对比学生的进步情况。

3. 评价形式

从评价主体来看，评价形式主要有学生自评、学生之间互评以及以教师、家长为主体的他评。

从评价方式来看，既有定性评价（评语式），也有定量评价（分数等级式），既有即时性评价，也有阶段性评价。

第三章 足球教学方法设计及分类

第一节 校园足球教学内容的安排

一、校园足球教学内容的概念和组成

(一)校园足球教学内容的概念

校园足球课程的内容是为了实现学校足球教学目的而选择的足球知识与相关技能。校园足球课程内容也要具有阶层性,通常会采用"章""节""目""款"等形式。

(二)校园足球教学内容的组成

校园足球教学的内容非常多样,根据课程的难易程度、重要程度、锻炼价值等方面,将校园足球划分为四个部分。

1. 一般内容

一般内容指的是在足球运动中所用到的一些技巧、战术等,是进行足球运动必须具备的技能。在足球教学中,可以根据这一点进行适当的课时分配,也可以使重复的次数少一些。

2. 重点内容

重要内容指的是足球运动中所用到的战术技巧,是学生必须掌握的一些技能。这些内容也是学生进行足球运动的关键因素。

3. 介绍内容

顾名思义,就是指介绍的一些技巧与战术,通常在足球运动中很少用到,让学生对其有一个初步的认识。对此,可以适当地减少课程安排。

4. 练习内容

练习内容指的是对足球技术与战术要求的身体素质与熟悉球性的内容。

在学习这类内容时,学生通常需要花费大量的时间进行练习。因此,教师需要将它安排在不同的教学单元与课程中,但是,也不能占用太多的时间,同时需要与技战术学习内容相结合。

二、校园足球教学内容的选择依据和选择原则

(一)校园足球教学内容的选择依据

校园足球的教学内容是实现校园足球目标的关键因素,并不是最终目的。随着我国校园足球教育改革的不断深入,足球教学目标的多样性以及足球技巧教学内容的可替代性发生了变化,也给体育教师在选择校园足球教学内容时增大了难度。在校园足球教学中,应当从多个角度对校园足球的内容进行分析。

(1)坚持以学校体育教育为核心,保证课程内容的科学性、合理性、实效性。

(2)在足球教学过程中,应重视学生的学业需求和社会对于足球人才的需求。

(3)确保所学课程不脱离校园足球教学的总目标。

(二)校园足球教学内容的选择原则

在选择校园足球教学内容时,要遵循以下原则。

1. 兴趣性原则

校园足球的教学内容则是以兴趣性为原则的,指的是在校园足球内容的教学过程中,应当让学生体会到足球所带来的快乐,让学生对体育运动产生浓厚的兴趣,从而使学生的学习方式发生变化,成为决定学生足球发展的关键因素。在校园足球内容的教学过程中,应当严格遵守趣味性的原则,为学生积极主动地参加足球活动创造有利条件,为学生终身体育运动奠定基础。

2. 基础性原则

校园足球教学的本质就是一种以体能训练为核心的教学方式,其宗旨在于能够推动学生身心健康的发展。在校园足球内容的教学过程中,教师应当牢记这一教育本质,抓住它的基础性,让学生能够更好地掌握足球技巧与战术,并且,培养学生长期进行足球运动的意识,使他们的身心得到健康发展,让

他们养成良好的人格与个性,提高学生的足球文化素质,为他们终身坚持足球奠定基础。

3. 实用性原则

校园足球教学内容选择的实用性原则主要表现在三个方面:首先,要根据校园足球教育的目的来选择合适的内容;其次,校园足球的课程应当具备一定的健身作用,使学生的身心得到更好的发展,为将来步入社会奠定一定的身心基础;最后,在校园足球教学中,培养出来的学生应当满足社会对于足球人才的需求,使学生通过校园足球的学习成为符合社会发展(具有良好的身体素质、心理素质、社会适应能力)的全面性人才。

4. 统一性原则

校园足球教学的内容应当与校园体育教育的总目标相吻合,这是体育老师选择校园足球教学内容的关键因素。尤其是体育教师在选择与教学目标相符的教学内容时,应选择有意义、健康、积极向上的内容,能够帮助学生增长体育知识、提高足球技能与综合素质。

5. 可行性原则

在选择校园足球教学的内容时,应重视内容的可行性,即不能选择与当地实际情况不符的内容。在开展校园足球教学过程中,教师应当将教学内容与当地、本校的教学环境与条件(教学软件以及教学硬件)、学生对于足球的需求以及教师实际情况相吻合。总而言之,校园足球教学的内容应具有可行性,即便内容再好,也无法正常实施。

6. 科学性原则

所谓科学性,指的是在选择教学内容时应当遵守学生的生理、心理、年龄的不同特征与发展规律。具体来讲,在校园足球教学过程中,因为学生在各阶段身体与心理发展特征存在差异,教师在选择教学内容时应满足学生各阶段生理、心理的需求,这样才能更好地促进学生身心健康的发展。

三、校园足球教学内容选择流程

(一)评估体育素材的价值

体育教师在选择校园足球教学内容前,应当从校园足球教学目标、足球运动事业的发展、社会的生产生活与科技教育等发展的实际需求和发展条件出发,以此为基点对现有的体育素材进行分析与评价,对所选内容能否促进学生的身体健康、能否督促学生主动进行锻炼、能否提高学生的思想品质进行充分的分析论证,选用合适的教材内容组织校园足球教学。

(二)整合运动项目与练习

在校园足球教学中,不同的足球技术、战术和身体锻炼形式,会对学生的身心产生不一样的作用和影响。因此,在选择校园足球教学内容时,要在以本学校的教学目标为根本前提的基础上认真分析教学内容是如何促进学生身体功能不同方面发展的,随后将教学内容与身体练习进行整理与合并,合理加工成为新的校园足球教学内容。

(三)选择有效的教学内容

足球运动技战术构成十分复杂,在有限的校园足球教学课时中,不可能完成全部足球运动技战术和身体素质练习的教学。因此,体育教师要以社会的需求与条件为依据,充分考虑不同阶段学生的身心特点与兴趣爱好,并结合校园足球教学目标,选择适当的教学内容开展校园足球教学。

(四)对所选内容进行可行性分析

选好校园足球教学内容后,要对该校园足球教学内容的可行性进行分析,分析本地区地域、气候和本校的场地、器材等条件的制约与影响,充分考虑教学计划在这些特殊环境中的可行性,并保证各地、各校执行的弹性,为校园足球教学实践的开展留有余地。

四、校园足球教学内容等级水平体系的构建

我国各地区校园足球教学水平高低不一,不能用统一的标准确定校园足球教学内容。为此,应构建一个校园足球教学内容等级水平体系,便于各地区学校根据自身校园足球教学水平,选择对应等级的校园足球教学内容。

(一)校园足球教学内容等级水平体系的构建思路

改变传统的按学年段安排教材的基本模式,建立按足球技战术水平递增

规律划分等级与水平的教材内容体系。各等级水平的教学内容明确具体，便于各学校根据本校实际，动态选择教材内容，形成具有各校特色的校园足球校本教材。

（二）校园足球教学内容等级水平体系

这本书将校园足球的教学目标作为主旨，并结合建立校园足球内容等级水平体系的系统性原则、足球运动战术的基本规则以及实际的教学方式，将校园足球的教学内容划分成三个等级，分别为初级、中级、高级，从最初的水平一到水平十，共十个水平。其中，各水平所包含在校足球的知识、理论基础、心理健康等有所差异。

（三）校园足球教学内容等级水平体系的等级介绍

1. 初级教学

初级教学就是足球的启蒙教育。这一阶段主要的教学目的就是向学生传授最基本的足球知识和相关技能，重点是培养学生对于足球的兴趣，使足球教学的趣味性得到增强，淡化竞技足球的教育，让学生能够体会到这项运动的乐趣。在这一阶段中，教学内容应当以球性球感练习、足球游戏为主，适当地加入一些基本知识与技能，对幼儿园、小学低年级、非校园足球特色学校以及校园足球基础相对薄弱的高年级学生进行足球启蒙教学的教学内容的选取，具有一定的参考价值。

2. 中级教学

中级水平的教学主要是提高足球教育水平。这一阶段主要的教学目的就是让更多的人了解足球，丰富他们的足球知识与理念，让学生对足球感兴趣，在提高足球技能的同时，还要具备一定的竞技能力，能够参加一些校外的足球活动。这一阶段主要的教学内容以基本的技战术与简单的比赛为主，适当地进行一些基本性的训练，从而提升足球比赛的能力，为小学高年级生、初中生、基础较差的高中生及大学生在选择合适的教学内容时，都有一定的参考价值。

3. 高级教学

高级教学就是足球精英教学。这一时期主要的目的就是发展学生的足球特长，让学生的足球技能水平得到进一步提升，提升他们的比赛能力，为学校、社会培养出更多的足球精英,为培养足球后备人才打下坚实的基础。这一时期主要的教学内容则是以足球技能、战术配合、足球比赛等高水平、高标准的足球教材为主,并且,对学生的足球比赛能力进行全方位训练,对高中生、大学生以及专业院校的高年级学生在选择教学内容时提供参考价值。

4. 各等级、水平教学内容无缝衔接

在进行教学内容的设计过程中,应当将每个层次的内容联系在一起,使三个等级的教学内容更具有完整性、层次性,要克服根据学年段制定教学大纲、教学内容等与实际情况严重脱离的弊端,增强校园足球教学内容等级水平体系的可行性与可操作性。

第二节　校园足球教学方法的选择

教学方法对于完成教学任务和实现教学目标有着非常重要的作用。建立与足球相关的教学方法体系,有助于校园足球教学设计和校园足球教学活动的顺利开展。

一、校园足球教学方法的概念

教学方法是师生为实现课堂教学目标和完成教学任务而采用的具体方法。它是一种行为或操作体系,包含教师的教和学生的学两个层面。体育教学方法是在一定的体育教学思想指导下的教学方式、方法以及组织形式等的总和、总体。

校园足球教学方法是教师与学生在校园足球教学中,为了完成具体的校园足球教学任务和实现校园足球教学目标所采用的途径、手段和方式。在校园足球教学中,广义的教学方法包括教师的教法和学生的学法两个方面的内容,狭义的教学方法主要是指教师的教法。

二、常见的校园足球教学方法

(一)讲解法与示范法

讲解法与示范法是传统足球教学最常用的教学方法,在现代校园足球教学中也扮演着十分重要的角色。讲解法指的是足球教师借助语言的魅力对足球运动技战术的动作要点和方法进行分析,通过简洁而精练的语言刺激学生的听觉器官,引导学生感知足球教学内容的教学方法。示范法往往和讲解法配合使用,足球教师往往通过挂图、投影、幻灯片、录像等方式,对足球的技战术进行示范讲解,让学生在观看示范的过程中掌握足球基本知识和技能。

在校园足球教学中使用讲解和示范教学法时,要注意把握好讲解和示范的时机,抓住重点,分清主次,既要把握好讲解和示范内容的难易程度,又要保证讲解和示范的正确性。

(二)练习法与纠错法

练习法与纠错法和讲解法与示范法一样,在足球教学中往往配合使用。练习法是在讲解法与示范法的基础上进行的,按照运动的特点可以分为个人技术练习、配合性练习和对抗性练习,按照形式则可以分为完整练习、分解练习、简单条件下的练习和复杂条件下的练习四大类。纠错法是在练习法的基础上进行的,是指足球教师指出学生练习中的错误并给予纠正的教学方法。

在校园足球教学中使用练习与纠错教学法时,要注意运用的实效性,以及练习中运动和负荷的安排要科学、合理,避免造成运动损伤;纠错时要先找出错误,深入分析原因,然后解决问题,切忌一步到位地直接纠错。

(三)合作学习教学法

校园足球教学过程是师生共同参与的双边教学过程,因此离不开教师与学生、学生与学生的相互配合。为了取得较为理想的教学效果,教师在教学过程中应采取多样化的教学手段和活动组织方式,以便学生能够在轻松的教学环境中更好地掌握足球教学内容,使学习成为学生之间的一种合作活动,并让学生按时完成学习任务,同时享受学习环境和人际关系。合作学习教学法就是在教学中充分调动教、学双方的积极性和主动性的教学方法。

(四)发现教学法

发现教学法是指足球教师借助指导语的手段,对校园足球教学的内容进行改造与设问,为学生提供情境资料,帮助学生更好地感知足球运动的技术和战术,使教学更好地和学生的学习实际相贴合。

在校园足球教学中使用发展教学法时,教师要注意遵循特定的教学步骤。

第一步,指导学生进行课前预习,使学生在预习中发现问题并根据自己的知识积累和已有经验尝试解决问题。第二步,引导学生在观察和感知情境材料的过程中寻找问题的答案,并给予学生一定的指导。第三步,指导学生进行分步练习,在练习中巩固所学知识。第四步,引导学生进行讨论和归纳,并对学生的学习过程进行分析和总结。

(五)游戏教学法

游戏教学法是指在教学中,教师利用组织游戏的方法使学生充分发挥主动性和创造性来完成预定教学任务。这种教学法的应用比较广泛,下到初学足球的学生,上到职业运动队的专业选手。在校园足球教学中,教师运用游戏教学法应注意以下几点。

(1)教师在选择游戏项目时要遵循不能脱离校园足球教学的本质这一宗旨,并在组织的游戏中制定相应的规则与要求。

(2)教师应在教学过程中要求全体学生必须遵守游戏规则,同时鼓励学生发挥个体的主动性和创造性。

(3)教师应认真做好游戏的评判工作,公开、公平、公正地评价游戏的结果,客观地评价每个学生在游戏中的表现。

(4)教师安排的游戏内容要注意对负荷量的控制。由于学生个人的选择性与独立性较强,教师在教学中安排游戏活动负荷与动作控制会受到很大限制,应妥善处理。

(六)案例教学法

案例教学法指的是在教学过程中,通过大量的实际案例,让学生对教学内容有更加深刻、全面的理解。这种教学方式被广泛运用在足球战术配合教学、足球比赛的组织以及足球规则与裁判方式的教学上。其最大的优点就是具有非常强烈的直观性,能够根据实际教学的需求,通过真实案例对问题进行解释,具有很强的针对性。

在校园足球教学过程中,教师运用案例教学的方式,应当严格遵循以下步骤:

(1)在准备阶段,教师应结合本次课所要学习的内容,选择与足球教学内容相关的且具有代表性的真实案例,并且,将其作为教学的核心内容。在选择真实案例时,既要体现出教学内容,又要具有代表性,还要满足学生的认知水平。

(2)在教学中,教师应对选择的案例进行全面剖析,以便让学生在短时间内理解其中的含义。

(3)在足球教学的过程中,应充分调动学生的主动性与积极性,使课堂氛围更加活跃,组织集体进行演练,让学生根据案例进行思考,并积极主动地完成教学任务。

三、校园足球教学方法的选择依据

校园足球教学方法的选择不是盲目的,而是有一定的依据,具体包括以下6个方面。

(一)教学目标

体育课程标准认为,第一级的教学目标是一种高度概括的表述,为教师选择合适的教学方式提供了明确的方向;单元的、课时的教学目标就是将学习领域目标与水平目标更加详细化。在选择教学方式时,教师应结合整体的教学目标、校园足球单元教学目标以及校园足球课时教学目标。

(二)教材内容

校园足球的教学内容能够影响教学方式的选择,根据教学内容的性质以及不同特征,所采用的教学方式也会有所差异。因此,在进行校园足球教学时,应根据不同的教学内容选择合适的教学方式。

(三)教学时间

不同的教学方式对于教学实际的需求也会有所不同,因此,在选择教学方式时,不能忽视教学时间的影响与制约,应根据不同的教学方式的效果与所需时间进行详细分析,合理地选择教学方式,这样才能有效地提高教学效果。

(四)教学环境

校园足球的教学环境主要包括足球运动场地、足球教学课时、足球运动器材和设备、社会风气、班级人数等,它们一定程度上对校园足球教学方法的选择形成了一定的影响和制约。所以,足球教师在选择教学方法的时候,要全面考虑和充分利用教学环境和条件,选择合适的教学方法,为学生营造良好的学习氛围,提高校园足球教学质量。

(五)学生特点

学生作为校园足球教学的主体,其性别、年龄、兴趣、爱好等,都对教学方法的选择有一定的影响。因此,教学方法的选择要以学生的身心发展特点为依据,和学生水平、要求相符合,真正做到以学生为本。

(六)教师特点

教师特点也是校园足球教学方法选择的一个重要依据。教师作为校园足球教学方法的实施者,其足球运动专项知识水平、职业素养、教学水平和个性特点,都能够在一定程度上影响教学方法的选择。所以,足球教师在选择教学方法的时候,也要最大限度地展示自己的教学水平。

第四章　校园足球训练体系构建

第一节　校园足球训练的基本特征及依据

一、校园足球训练的基本特征

从运动艺术视角来看,校园足球训练具有以下几个基本特征。

(一)突出对抗的真实性

为了达到赛练一致,校园足球训练在训练手段上对抗的特点极为明显。这种对抗训练是一种攻守对垒的外部形式,但最重要的一点在于其对抗的强度和真实性,训练中队员们的认真程度和动作方法,都向正式的比赛看齐,对抗练习中的凶狠拼抢犹如家常便饭,但不会出现队友之间的不满和报复行为。

(二)快速与简练

校园足球训练要与时代相接,往往强调动作简练快速,一次触球的练习在不断地增多,并且在很多练习当中都明确规定只能一次触球,养成早观察、快出球的好习惯,这样可以使队员能够简练快速地处理好球。

(三)分队比赛

在训练课当中,通常会安排一定时间的分队比赛。采用不同人数、不同区域大小的场地进行比赛,这种训练形式能够使队员兴味盎然,还能够有效发展不同的技战术配合,起到相互了解与默契配合的作用,是全队统一思想、统一行动、发展统一战术打法的重要手段。

(四)抓住特长和特点

要根据本队队员的身体素质、技战术等特点而总结出一个总体打法思路和原则。比如,偏重边路进攻配合方法,要清晰了解本队队员的技术、速度、身体条件等是否适合打边前卫、后卫或中锋,是否有足够的队员能够更多地参与配合等。训练中对于场上的每个队员的具体跑动路线和配合形式通常不做具体的规定,至于场上局部的联系、整体的布局,就要凭借队员的战术意识、队员之间的默契和临场的观察与应变能力。不过,要注意在培养青少年球员的基础阶段,他们的战术意识水平往往较低,因此进行具体化的战术打法指导还是非常必要的。

(五)从局部到整体

整体战术是在小组战术训练的基础上,经过逐步地过渡才发展成的。在小组战术训练发展到整体战术训练的全过程中,要能够利用不同场区的大小、不同人数、不同的目的进行分队比赛,教练员要在分队比赛中不断地进行指导、讲解、示范,这些都能够取得很好的训练效果。

二、校园足球训练的基本依据

校园足球运动训练主要依据青少年运动员竞技能力发展的敏感期以及足球运动员的训练阶段划分。

(一)竞技能力发展的敏感期

足球运动员的竞技能力主要通过先天遗传和后天的训练两个途径获得。先天遗传的竞技能力随着青少年运动员发育阶段的不同而表现出不同的水平,后天获得性竞技能力也随着训练过程的延伸而变化。在这两个因素的共同作用下,足球运动员在青少年期生长发育最快,这就是运动员竞技能力发展的敏感期,包括体能、技能和战术意识发展的敏感期。

1. 体能发展的敏感期

在青少年运动员体能的各项素质中,最先发展的是柔韧、速度、灵敏和协调素质,其次是爆发力和有氧耐力,最后是力量和无氧耐力素质。

2. 技能发展的敏感期

青少年随着年龄的增长和身体发育的不断完善,其运动技能的发展也呈现出阶段性的特征。首先要进行基本技术学习,其次是结合战术方法的技术运用阶段,最后是技术运用对抗能力和灵活运用阶段。

3. 战术意识发展的敏感期

青少年运动员的战术意识是其战术能力的核心内容,而战术意识的各个组成要素具有阶段性特征。足球运动员战术行为决策过程的内在步骤主要包括以下四个。

第一,对场上环境的知觉过程。

第二,对完成目标所需要的信息做出判断。

第三,从记忆库中提取已有的经验图式与比赛场景进行比对做出决策的过程。

第四,通过决策采取行动。

(二)校园足球训练的阶段划分

青少年运动员要想取得成功就必须经历长期、艰苦的训练,其训练阶段主要包括基础训练阶段、专项提高阶段、最佳竞技阶段以及竞技保持阶段四个阶段。

这四个阶段都有着不同的训练任务和训练内容,并对运动训练的负荷安排提出不同的要求。基础训练阶段和专项提高阶段的训练安排要服从于最佳竞技阶段训练任务的完成。最佳竞技阶段是足球运动员全程性多年训练过程的核心阶段,运动员进入最佳竞技阶段的训练并表现出最佳竞技成绩,是运动训练过程的最终目标。在足球运动员多年训练过程中,要根据训练阶段的不同来安排训练任务、训练内容和训练负荷。同时,在不同的训练阶段,要根据不同的训练任务对运动员竞技能力发展水平提出不同的要求。

第二节 校园足球训练的基本规律和原则

一、校园足球训练的基本规律

从运动艺术视角看,由于校园足球训练的特殊性,校园足球训练必然有其自身的基本规律,主要包括以下几点。

(一)青少年身心发展的基本规律

在青少年的生长发育过程中,身体各个系统的机能都在逐渐完善,各项运动能力也会随之发展与提升,但是,在各个阶段,生长发育的特征也会有所不同,有时会生长较快,有时生长较慢;有的系统发育早,有的则会发育较慢。因此,生长发育有着自己的发展规律。另外,青少年在性别、个性等方面还有着一定的差异,有的人发育较早,有的人发育较晚;年龄相同时,女性普遍比男性发育较早。所以,在校园足球中,应当结合自身生长发育的特点,因材施教,有针对性地进行训练。

(二)运动竞技能力的规律

足球运动的竞争能力指的是运动员在足球比赛中所具备的能力。在竞赛过程中,运动员所具备的各种竞争能力统称为竞技水平。在足球运动中,体育表现的优势与劣势,除了与队伍本身具备的素质有关,还会受到对手竞技水平发挥的影响。足球运动员的竞技能力主要由技术、战术、心理等因素组成。

在竞争能力的组成因素中,技术、体能是战术的物质基础,而战术则是建立在体能与技术之上的,并且,战术会对技术与体能造成一定的反作用;心理素质是技术、战术提升的保障,在比赛或训练中,将直接影响运动员水平的发挥,因此,这几个方面是相互制约的,也是相互影响、相互融合的关系。

(三)校园足球训练的实战性规律

校园足球训练的主要目的就是将所学到的技战术运用到比赛中,以达到满意的效果。在足球训练过程中,应严格遵守以下基本规律。

1. 技战术能力的培养要全面而系统

在比赛过程中,运动员会遇到很多状况,在开始比赛前,应认真分析对手的战术特点、同伴以及足球的运动变化,以便做出合理的应对措施。足球运动员只有全面掌握足球技术,才能根据比赛的需要充分发挥技战术。此外,综合性战术与技术训练,可以为运动员提供有价值的技术、战术经验,从而为正确的判断与形成对策提供依据。

2. 技战术发展要适合实战性

在对技战术进行学习的初级阶段,多数教练员普遍采用的是分解和完整训练的方式,让青少年逐渐形成正确的技术概念与专业动作。

青少年在身体发育的过程中,身高、力量等方面都会发生较大的变化,这就需要不断地对动作进行定型。青少年运动员的技能应用能力是以原有的技术为基础进行提高与完善的,因此,在训练过程中应当及时地对动作进行调整,让学生使用技能的能力得到提升。

在战术训练过程中,应严格遵循战术发展的基本规律,由局部战术逐渐向全局战术转变。在每一阶段上,应根据实际情况,选择科学合理的运动方式与训练强度,并且,将比赛因素逐渐融入训练过程中。但是,过早将比赛因素融入训练中,会对青少年造成一定的不良后果,很容易让青少年的身体出现超负荷的情况,这对他们体能的发展是不利的。

3. 职业素质与技战术发展相统一

同战术一样,职业素质也要有一个发展和完善的过程。青少年参加校园足球运动的职业素质反映在训练比赛中的纪律性以及与同伴的交流、合作等方面,但他们的沟通与交流都相对简单。而青少年进入社会选择从事足球运动后,就要面对社会上名和利的考验,需要不断地提高职业素质以应对逐渐复杂的社会环境。

因此,对职业素质的培养,应该作为一项重要内容贯穿于青少年的校园足球训练当中。职业素质的培养,应注意以下几方面。

(1)对足球的热爱。

热爱足球能使自己全身心投入训练,享受足球带来的乐趣。这样就能承受长期高负荷的训练和比赛,并且在训练和比赛中积极发挥聪明才智,直到掌握足球高水平技能。

(2)责任感与交流能力。

在比赛中要敢于承担责任,在队友困难时能够提供有力支持,在比赛中相互沟通。只有这样,才能建立起具有集体主义精神的团队。

(3)自律。

在校园足球运动训练中,青少年要听取教练员的指导意见,严格要求自己,不能在取得暂时的成功后就降低对自己的要求。只有这样,才能使自己的足球水平不断得到提升。

二、校园足球训练的基本原则

从运动艺术视角来看,校园足球训练具有以下几个原则。

(一)系统性原则

系统性是指从训练开始直至技术水平达到一定程度,其在不断提高的过程中,训练内容前后连贯、紧密相关而不中断。学习的任务、内容、要求和指标是层层衔接的,其目标就是打好基础,培养优秀的后备人才。足球运动要经过多年的系统性训练,才能取得较好的成绩。时间短、计划散乱及内容脱节,是不可能达到较高水平的。不同的训练时期、训练内容都是紧密相连、相互影响和相互制约的。之所以遵循系统性原则,是因为足球运动的理论知识、技战术内容,都有其内部的系统性和联系;动作技能的掌握与提高,都有一定的规律,只有遵循这些规律,按运动项目本身的系统,持续不断地进行训练,才能取得良好的效果。校园足球训练贯彻系统性原则应注意以下几个问题。

1. 要确定训练的任务、内容、指标和要求

根据不同年龄青少年的现有水平,合理计划训练,做到由简到繁、由易到难,循序渐进,由浅入深,打好基础,切合实际。

2. 要注意各个训练阶段的衔接问题

全面地考虑问题,实事求是地制订切实可行的计划,使训练系统化,以保证训练的连贯性。

3. 合理安排训练和休息

合理安排训练和休息,能够使青少年在恢复中逐步提高训练能力,防止运动创伤,以获得良好训练效应的积累。根据学校的实际情况,在开学初可适当安排一个恢复阶段,从小的运动负荷量,逐步过渡到正常的训练,使学生有逐渐适应的过程,以适应提高训练水平和比赛的需要。进入期终考试阶段,又要适当减少训练次数并适当减小负荷,保证青少年在学校有充沛的精力迎接考试,完成文化课的期终考试。要特别注意寒暑假期间的训练安排,不能中断,应尽量保持原有训练水平,以利于下一学期的训练。

(二)区别对待原则

区别对待原则是指在校园足球运动训练中要根据学生各方面条件及不同训练条件和不同训练任务等,有区别地确定训练任务,对训练方法、内容、手段和负荷有相应的安排。

青少年学生各方面的条件都有所不同,如身体条件、承受负荷能力、心理品质和个性特征等都有所差别,因此训练中要遵循区别对待的原则。始终贯彻区别对待原则,有利于发掘青少年的潜力,防止训练中个别人脱离整体现象,只有进行正确的区别对待,有的放矢地进行训练,才能取得良好的训练效果。在遵循区别对待原则的同时,也要注意以下几个方面。

第一,全面了解学生的个人特点。根据学生身体机能和心理状态的不同特点,对训练进行合理安排。如在性格方面,外向的青少年要多用强烈的语言刺激,反之,则应多采用缓和的语言教授;身体素质好的青少年应多采用专项训练,反之,则多采用一般性的训练;训练水平高的学生负荷量相应增大,训练水平低的学生负荷量相应减少;对理解能力较强的学生可进行一些必要的讲解,而对理解能力较差的学生或刚刚参加训练的学生,则应多做动作示范和指导。教练员可通过形态、机能测试了解学生的身体情况,通过观察学生的状态、对比成绩等方面,了解学生的情况,从而采取有效措施,因人而异、因材施教。

第二,全队及个人的特点,是通过训练计划反映出来的,主要内容就是要有对个人的要求和全队的要求,对于项目分工不同的青少年,应制订专门的训练计划,以满足实际需要。

第三,区别对待原则要始终贯穿到整个训练中,包括每次训练课和每次早操,除有共同要求外,都要针对青少年自身的不同情况提出要求,并采取相应的措施,处理好每个环节。

上述各项训练原则是相互联系的,训练中应认真地全面贯彻。足球运动训练的因素很强,因此训练中还应深入研究和认真贯彻各项训练原则。

(三)周期性原则

在校园足球的训练过程中,应严格按照周期循环的原则合理安排训练,确保训练的周期性。参与足球运动的青少年,每结束一次训练周期都应有所提高。

通过对足球技能的训练,参加足球比赛的青少年的竞争能力都能够在一个周期的训练中恢复到最佳状态,这就是所谓的竞技状态。长期的训练,能够将竞技状态培养出来,通常将这一时期称为状态获取阶段。竞技状态逐渐形成后,可以在一段时间内稳定下来,这就是所谓的竞技状态维持期。但是,它也有一定的保质期,倘若保持期结束,竞技状态就会出现下降的情况,通常将这一时期称为竞技状态下降期。

结合竞技状态的变化规则,能够明确足球训练的周期性。竞技状态是学生通过获得优异的成绩所展现出的最佳的准备状态,与刻苦训练有着密切联系。可以将这一过程大致分成三个阶段。

1. 形成阶段

长时间的训练,能够使学生的身体机能的适应性发生变化,身体素质、心理状态、战术运用水平等都会得到提高,从而逐渐形成统一的且具有专项性的竞技状态。

2. 保持阶段

竞技状态属于稳定期,在参加比赛时,能够充分发挥出青少年的运动潜力,创造优异的成绩。

3. 消失阶段

因为长期的训练,疲惫出现累积,青少年各项身体机能也会出现下滑的情况,这就需要有一个逐渐恢复的时期,才能减少疲劳。从这一点可以看出,运动员在运动过程中,竞技状态的发展与疲劳之间的训练,共同构成训练周期。又经过不断调整、恢复、训练,形成新的训练周期。

竞技状态发展的三个阶段有着密切联系,构成一个周期性的循环。结合竞技状态的变化规律,运动员应进行周期性的训练。根据上述竞技状态的变化规律,严格遵守周期性,应注意以下问题:

第一,在对训练周期进行划分时,为了强化基本训练,可以适当地将准备期竞技的时间延长。竞赛周期应当根据比赛的具体情况合理安排时间。休整期应当与期终复习考试的时间相吻合。在休整期,依然需要进行训练,不过训练量要适当,放假期间可以安排负荷较大的集训。

第二,足球运动训练,应重点训练身体素质和基本技术,承担比赛任务的青少年,应全身心为比赛做好准备;对平时非主要的比赛,可用训练的心态迎接。这一环节应特别重视,从而使整个计划具有完整性和系统性。

第三,周期结束后,需要进行经验总结,及时发现其中的问题,并进行分析与改进。同时,要按照整体的训练目标,合理安排下一周期的训练任务,让学生在上一轮的训练周期中,使自己的训练水平得到提升。

（四）直观性原则

直观性原则是指在足球运动训练中多采用直观的方法,让青少年通过视觉、感官,建立正确的动作表象,从而提高青少年的足球技术水平。

直观性原则主要是根据人们认识事物的普遍规律而定的。人们正确地认识事物,必须经历直观到抽象、感性到理性的认识过程。青少年在足球训练中,一般都是沿着直观(具体、生动的思维)、实践(建立动作表象,了解和学习技术要点)、建立概念(形成抽象思维)、学会和掌握动作技能的思维认识程序进行的。直观的感性认识在这一过程中具有重要的意义和作用。在足球训练的每一个环节,青少年都需要通过感官来感知环节中的每一个动作,并对该动作产生相应的认知与理解,进而获得一种形象化的认识。这种认识对于青少年掌握足球技能来说至关重要。

在训练的过程当中,通常需要注意以下两点:一是在训练初期,尽可能多地采用示范训练,结合正确动作和错误动作以及完整示范和分解示范;二是教练员在教学的过程当中,还可以采用其他比较直观的方式来调动学生的学习积极性,如挂图和现代影像技术等。但不管采用哪种教学方式,都要将帮助学生和保护学生放在首位,同时尽最大可能地让学生快速建立起动作表象,并运用到实践当中。

(五)一般训练与专项训练相结合原则

一般训练与专项训练相结合原则是指,根据项目的特点、对象的水平和训练的不同时期、不同阶段的任务,将一般训练与专项训练结合起来,以促进训练水平的提高。

足球运动训练一般采用丰富多样的非专项方法,对学生进行全面训练,促进学生身体形态、机能和身体素质全面协调发展,增强体质,促进健康,同时可以了解非专项的理论知识,为足球运动训练水平的提高奠定良好的基础。

足球运动训练是采用专项或与专项相类似的练习,来发展学生的专项素质,掌握理论知识及技战术方法,为提高运动成绩做好充足准备。

足球运动训练中之所以要遵循一般训练与专项训练相结合的原则,是因为中枢神经调整人的整个身体,身体素质与技术动作之间,是相互影响、彼此制约的关系,只有当学生在良好的一般训练基础上,使身体各方面及各种身体素质得到全面、协调发展,并掌握大量动作技能储备的情况下,专项训练才能取得预期理想的效果。在足球运动训练中,贯彻一般训练与专项训练相结合原则,通常应注意以下几点。

1. 科学安排训练比重

确定一般训练与专项训练的比重,首先要根据足球专项的特点来安排。对难度大、技术复杂的动作,一般训练的比重可以相对小些,专项训练的比重可大些;对技术、战术都比较复杂,对体力要求较高的动作,两者比重可以较为接近。另外,要注意青少年阶段的训练培养。初次参加训练阶段的学生,主要进行一般训练,以后随着年龄的增长、水平的提高,一般训练的比重可适当降低。在足球运动训练中,学生在基础训练阶段,主要进行一般训练,打好各方面的基础,待熟练掌握后,逐步进行专项训练。在专项训练的初期,专项训练也具有多项性质,逐渐过渡到单一专项,而在整个专项训练阶段,一般训练仍要保持适当的比重,应根据训练实践的变化,及时调整两者的比重,使之处于最佳状态。

2. 一般训练的内容要合理

一般训练的内容要注重基础性和实效性,其结构应具有足球专项的运动特点,以便更容易地将这些练习的效应转移到足球运动中去。例如,对于速度、力量项目训练的学生,一般训练应重点选择动作快、爆发力强的一般性练习。在基础训练阶段,一般训练应围绕打好身体和技术基础的任务进行。

3. 重点难点要安排妥当

要始终将训练安排、主要任务、重点难点贯穿到足球运动训练的各个阶段中去。一般训练的练习,其主要目的就是要打好基础,因此要根据这一目的安排内容;专项训练的练习,则应根据专项的特点和需求进行安排,并体现出各专项的特点,要在全面安排的基础上,突出重点,明确目的,力求精练,获得最佳效果。

4. 丰富多样的方法、手段

一般训练与专项训练的形式方法要符合青少年身心发展的特点,增强趣味性和多样性,既可以分别进行,又可以相互结合;可整套练习,也可循环练习;可专门安排一般训练课,也可在早操或训练课中安排一定的内容,使两者有机地结合起来,增强训练的实效。可采用重复、变换练习法,也可适当采用游戏、比赛的方法。

(六)合理安排运动负荷原则

合理安排运动负荷原则是指在训练中要根据人体机能的训练适应规律,

学生承受负荷的能力,循序渐进地加大负荷量,并将不同强度的负荷量有效结合,保证良好训练效应的积累。

合理安排运动负荷量对足球运动训练有着积极的影响,因为有机体是随着适宜负荷的变化而变化的。足球运动训练表明,负荷量强度的大小是提高机能水平的关键因素。如果负荷过小,达不到相应的应激反应;负荷过大,机体则会出现劣变现象,导致伤病。

要根据人体适应的规律合理安排训练负荷和训练任务。人体适应规律是运动负荷对人产生的效应。负荷的量度越大,对机体的刺激越深,引起的应激反应也越强烈,随之产生的变化也非常明显,其技能水平的提高迅速。训练时期不同,其负荷量也不尽相同。准备期任务是掌握技术、全面发展运动素质、提高人体竞技能力,这一时期的负荷量和节奏都要有所增加,但强度要适中;比赛期负荷强度要增到最大,负荷量相对减少;过渡期主要是恢复阶段,一般负荷量、负荷强度要小。足球运动训练贯彻合理安排运动负荷原则,应注意以下几点。

1. 客观制定运动负荷

运动负荷要根据青少年训练水平而定,并通过训练,稳步加大训练负荷,达到相应的训练目标。首先,要根据学生的年龄、技术水平,合理安排负荷;其次,掌握好负荷的节奏和强度。在一次大负荷训练后,应有足够的时间恢复,并在今后相应地调整训练强度。在训练中,还要综合考虑学生的营养、作息、学习和恢复等问题。

2. 正确处理负荷与恢复之间的关系

一定的负荷训练会造成相应的疲劳积累,因此要保证一定的恢复时间,保证机体得到充分恢复,为下次训练做好准备。负荷量和负荷强度是足球运动训练负荷的两个基本方面。前者反映训练负荷对机体刺激的量的大小,后者反映负荷对机体刺激的深度。反映负荷量大小的指标一般为时间、次数、重量、距离等。反映负荷强度大小的指标一般为远度、高度、速度、单位练习的负重量或练习的难度、密度。负荷量和负荷强度是统一的整体,彼此互相影响,关系紧密。负荷量以负荷强度为基本条件,任何负荷的强度又都以一定的量为基础。

3. 有节奏、逐渐地安排负荷

青少年对训练负荷会产生一个适应的过程,各方面的适应并非同时进行的,所以要逐步提高,由小到大,有节奏地安排,采用大、中、小负荷相结合,不同性质的负荷交替安排,使负荷波浪式地发展和提高,以获得良好的训练效应。

4. 正确处理负荷量与负荷强度的关系

在一个大周期的训练中,一般是准备期优先增加量,中期阶段要加大负荷量,后期阶段逐渐下降,总体形势呈波浪形发展。同时,开始较大幅度地提高强度,在准备期的后期达到较高水平。

在竞赛期,强度继续加大,并达到周期训练的最高峰,以迎接重要的比赛,与此同时,负荷量要下降到最低。如果竞赛期较长,则中间可适当降低强度,增加量,然后降低量,加大强度,达到强度的第二个高峰。后期恢复时,运动量与强度均呈急剧下降趋势,使学生得到休整。

在安排球类运动训练运动负荷时,还应考虑学生的营养状况、学习与其他活动的负担等情况。

第三节 创新训练理念在校园足球训练中的应用

一、校园足球战略性训练理念的运用

(一)战略性训练理念在校园足球中的重要性

1. 明确发展方向

战略性训练理念能够为校园足球的发展提供明确的方向和目标。通过制订符合实际情况的战略计划,学校能够有针对性地开展足球训练,提高队员们的竞技水平,为学校足球队的长远发展奠定基础。

2. 提高训练效率

战略性训练理念注重科学性和系统性,能够使训练更加高效。通过合理的训练计划和安排,教练能够更好地指导队员们进行训练,增强训练的针对性和实效性,从而更好地挖掘队员们的潜力。

3. 增强团队凝聚力

战略性训练理念强调团队精神和合作意识的培养。在校园足球训练中,

队员们需要相互配合、协作,共同为团队的目标而努力。这种理念能够增强队员们的团队凝聚力,提高团队的整体战斗力。

4. 培养竞技精神

战略性训练理念不仅关注队员们的技能水平,还注重培养他们的竞技精神。通过训练,队员们能够学会如何在比赛中面对挑战、克服困难,培养坚韧不拔、永不放弃的竞技精神。

5. 推动校园文化建设

校园足球作为校园文化的重要组成部分,通过战略性训练理念的引导,能够推动校园文化的建设和发展。足球训练不仅能够提高队员们的身体素质和竞技水平,还能够培养他们的团队协作、沟通交流等能力,为校园文化建设注入新的活力。

(二)战略性训练理念的基本内容

战略性训练理念是现代足球训练的重要指导思想,它强调在训练过程中要注重长远规划、整体布局和科学训练,以提高队员们的竞技水平和综合素质。以下是战略性训练理念的基本内容。

1. 长远规划

战略性训练理念注重长远规划,即根据学校足球队的发展目标和发展趋势,制订出具有前瞻性和可持续性的训练计划和方案。在制定长远规划时,需要考虑队员们的年龄、技术水平、身体状况等因素,以及学校足球队所处的环境和竞争形势,从而制定出符合实际情况的长远发展规划。

2. 整体布局

战略性训练理念注重整体布局,即根据学校足球队的发展目标和实际情况,对训练内容和方式进行全面考虑和规划。在整体布局中,需要考虑队员们的全面素质和竞技能力,包括身体素质、技战术能力、心理素质、团队协作等多个方面。同时,还需要考虑不同年龄段、不同技术水平的队员们的训练需求和特点,制订出具有针对性的训练计划和方案。

3. 科学训练

战略性训练理念注重科学训练,即根据足球运动的本质和规律,采用科学的方法和手段进行训练。在科学训练中,需要考虑队员们的生理和心理特点,采用符合队员们实际情况的训练方法和手段,增强训练的针对性和实效性。同时,还需要注重训练过程中的反馈和调整,及时发现和解决问题,确保训练的科学性和有效性。

4. 全面培养

战略性训练理念注重全面培养,即不仅关注队员们的竞技水平,还注重培养他们的综合素质。在全面培养中,需要注重队员们的思想道德教育、文化知识学习、社会实践等多个方面的发展。同时,还需要注重培养队员们的团队协作、沟通交流等能力,为他们的未来发展打下坚实的基础。

5. 创新发展

战略性训练理念注重创新发展,即根据现代足球发展的需要和趋势,不断更新和完善训练理念和方法。在创新发展中,需要关注国内外足球运动的最新动态和发展趋势,学习借鉴先进的训练理念和方法,结合实际情况进行创新和发展。同时,还需要注重培养队员们的创新意识和创新能力,为他们的未来发展注入新的动力。

战略性训练理念是现代足球训练的重要指导思想,它强调在长远规划、整体布局、科学训练、全面培养和创新发展等方面进行深入研究和探索。通过战略性训练理念的引导和实践,可以提高校园足球的训练水平和竞技能力,为校园足球的发展注入新的动力和活力。

(三)战略性训练理念在校园足球训练中的具体应用

1. 训练计划的制订

在校园足球训练中,制订科学合理的训练计划是实施战略性训练理念的基础。以下是制订训练计划时应考虑的几个方面:

(1)评估队员现状:在制订训练计划前,需要对队员们的身体状况、技术水平、战术素养等方面进行全面评估,以便更好地了解他们的实际水平和潜力。

(2)明确训练目标:根据评估结果,结合学校足球队的整体目标和发展方向,制定明确的训练目标。这些目标应该具有可操作性和可衡量性,以便在训练过程中进行监督和调整。

(3)制订长期和短期计划:根据训练目标,制订长期和短期的训练计划。长期计划应着眼于队员们的全面发展,包括技术、战术、身体、心理等多个方面;短期计划则应针对具体比赛或阶段性目标进行制订,确保训练的针对性和实效性。

(4)合理安排训练时间和负荷:在制订训练计划时,需要合理安排训练时间和负荷,确保队员们在训练中能够得到充分的锻炼和恢复。同时,还要根据队员们的年龄、身体状况等因素进行个性化安排,避免过度训练和受伤。

2. 训练内容的安排

在校园足球训练中,训练内容的安排对于实现战略性训练理念至关重要。以下是安排训练内容时应注意的几个方面。

(1)基本功训练:注重基本功的训练,包括传球、射门、控球、运球等技能的练习。通过反复练习和逐步加大难度,帮助队员们熟练掌握基本技术动作。

(2)战术配合:根据比赛需要和学校足球队的实际情况,制定相应的战术配合方案。通过模拟比赛场景进行战术演练,增强队员们的战术意识,提高团队协作能力。

(3)身体素质训练:根据足球运动的特点和队员们的实际情况,安排合适的身体素质训练内容。这包括耐力、力量、速度、灵敏等方面的训练,以提高队员们的身体素质和竞技能力。

(4)心理素质培养:注重心理素质的培养,通过心理训练和辅导帮助队员们建立良好的心态和自信心。同时,还要培养队员们的团队精神和合作意识,增强他们的凝聚力和战斗力。

3. 训练方法的选用

在校园足球训练中,选用合适的训练方法对于实现战略性训练理念具有重要作用。以下是选用训练方法时应注意的几个方面。

(1)因材施教:根据队员们的年龄、技术水平、身体状况等因素进行个性化教学,选用适合他们的训练方法和手段。这有助于激发队员们的兴趣和积极性,增强训练效果。

(2)创新教学方法:关注国内外足球训练的最新动态和发展趋势,学习借鉴先进的教学方法和手段。结合学校足球队的实际情况进行创新和发展,形成具有自身特色的训练方法体系。

(3)注重实践应用:在训练中注重实践应用,通过模拟比赛场景进行实战演练。这有助于培养队员们的比赛意识和实战能力,提高他们的竞技水平。

(4)及时反馈与调整:在训练过程中注重及时反馈和调整,根据队员们的表现和进步情况及时调整训练方法和手段。这有助于确保训练的针对性和实效性,促进队员的全面发展。

(四)战略性训练理念在校园足球训练中的实施

1. 教练的角色

(1)制订科学合理的训练计划:教练应根据学校足球队的目标和队员们的实际情况,制订科学合理的训练计划。这包括明确训练目标、安排训练时间和负荷、选择合适的训练方法和手段等。

(2)注重个性化教学:教练应根据队员们的年龄、技术水平、身体状况等因素进行个性化教学。通过因材施教,激发队员们的兴趣和积极性,增强训练效果。

(3)培养队员们的战术意识和团队协作能力:教练应注重培养队员们的战术意识和团队协作能力。

(4)及时反馈和调整:教练在训练过程中应及时反馈队员们的表现和进步情况,并根据实际情况进行调整。这有助于确保训练的针对性和实效性,促进队员们的全面发展。

2. 球员的角色

(1)积极参与训练:球员应积极参与训练,认真完成教练布置的任务和要求。通过积极参与训练,提高自己的竞技水平和综合素质。

(2)主动学习与思考:球员应主动学习与思考,了解足球运动的基本规律和技巧。通过不断学习和思考,提高自己的技战术水平和综合素质。

(3)积极与教练沟通:球员应积极与教练沟通,反馈自己的表现和进步情况。通过与教练的沟通和交流,及时了解自己的问题和不足之处,以便进行调整和提高。

(4)团队协作与配合:球员应注重团队协作与配合,积极参与球队的战术演练和比赛。通过团队协作和配合,提高球队的整体竞技水平和战斗力。

3. 管理团队的角色

(1)提供必要的支持和保障:管理团队应为教练和队员们提供必要的支持和保障,包括场地设施、器材设备、营养保障等。这有助于确保训练的顺利进行和增强训练效果。

（2）监督与评估：管理团队应对教练和队员们的表现进行监督和评估。通过监督和评估，及时了解训练的进展情况和存在的问题，以便进行调整和改进。

（3）协调与沟通：管理团队应协调与沟通各个部门和人员之间的关系和工作安排。通过协调与沟通，确保各项工作能够顺利进行和有效实施。

（4）创新与发展：管理团队应关注国内外足球运动的最新动态和发展趋势，学习借鉴先进的训练理念和方法。结合实际情况进行创新和发展，为校园足球的发展注入新的动力和活力。

（五）战略性训练理念在校园足球训练中的改进

1. 训练方法的创新

在校园足球训练中，随着时代的变迁和足球运动自身的发展，传统的训练方法在某些方面可能已经跟不上现代足球的步伐。传统的训练方式，虽然扎实，但可能过于机械和单一，缺乏针对性和灵活性，无法完全满足当今足球运动对运动员全面素质和多元化技能的需求。因此，为了适应和推动校园足球的发展，创新训练方法显得尤为重要。

首先，我们可以考虑引入现代科技手段来辅助训练。随着技术的进步，虚拟现实（VR）和人工智能（AI）等先进技术在体育领域的应用越来越广泛。在校园足球训练中，利用这些技术可以为队员们创造一个高度仿真的比赛环境。例如，通过虚拟现实技术，队员们可以在一个模拟的球场中进行训练，体验真实的比赛场景，包括观众的呐喊、对手的动作等，从而增强他们的比赛意识和实战能力。此外，人工智能可以通过对大量比赛数据进行分析，为队员们提供精准的技术指导和战术建议，帮助他们更快地提高技术水平。

其次，个性化教学也是创新训练方法的重要方向。每个队员都是独一无二的，他们的年龄、技术水平、身体状况以及心理素质都有所不同。因此，一刀切的训练方法往往不能达到最佳效果。通过个性化教学，我们可以根据每个队员的实际情况制订针对性的训练计划和方案。例如，对于技术较为粗糙的队员，可以加强基本功的训练；对于身体条件出色的队员，可以加强力量和速度的训练。同时，个性化教学还包括对队员们进行心理调适，帮助他们建立自信，克服心理障碍，以更好地面对比赛的压力和挑战。

最后，团队合作训练也是提升校园足球水平不可或缺的一环。足球是一项团队运动,一个人的能力再强也无法战胜整个团队。因此,加强团队合作训练对于提高队员的团队协作和沟通能力至关重要。通过组织丰富多彩的团队活动和心理训练,可以帮助队员们增进彼此之间的了解和信任,提高团队协作能力。例如,可以进行一些需要团队协作才能完成的任务或游戏,让队员们在实践中学会如何与队友配合和沟通。此外,心理训练还可以帮助队员们建立正确的比赛心态和团队精神。

当然,以上这些创新训练方法并不是孤立存在的,而是应该相互配合、相互补充。科技手段可以为个性化教学和团队合作训练提供更加丰富的资源和工具;个性化教学可以根据每个队员的实际情况制订更加科学合理的训练计划;而团队合作训练则可以在提高个人技能的同时,增强整个团队的凝聚力和战斗力。

除了上述提到的创新训练方法,我们还可以考虑结合其他领域的知识和技术来进一步完善训练体系。例如,运动生物力学、运动营养学等相关学科的研究成果都可以为校园足球训练提供科学的指导和支持。同时,我们也可以通过与职业足球俱乐部、专业教练等建立合作关系,获取更多的资源和经验,借鉴他们的成功经验和先进理念来推动校园足球的发展。

在实施这些创新训练方法的过程中,我们也需要注意一些问题。首先是要确保训练的科学性和安全性,避免因为追求创新而忽视了队员们的身体状况和实际需求。其次,要注重训练的持续性和系统性,不能急功近利,忽视了长期规划和系统性建设。最后,要注重训练的趣味性和多样性,让队员们在快乐中学习和成长,激发他们的兴趣和热情。

2. 训练内容的调整

在校园足球训练中,随着时代的进步和足球技战术水平的不断发展,训练内容也需要与时俱进,根据实际情况进行相应的调整。这种调整不仅是对现有训练方法的改进,更是对未来足球发展趋势的预见和应对。以下是针对校园足球训练内容调整的几点建议。

(1)增加技术训练。

技术是足球运动的基础,只有掌握了扎实的技术,才能在比赛中更好地发挥。在校园足球训练中,我们需要在基本功训练的基础上,增加技术训练的内容。这包括传球、射门、控球、运球等技能的练习。通过不断的技术训练,队员们可以更加熟练地掌握这些技能,提高他们的技战术水平。

在技术训练中,我们可以采用多种方法。例如,可以通过设置不同难度和距离的传球目标,来提高队员们的传球准确性和力量;可以通过模拟比赛场景,让队员们在压力下进行射门练习,提高他们的射门技巧和心理素质;可以通过控球和运球练习,提高队员们的球感和盘带能力。此外,我们还可以利用科技手段,如使用智能足球等辅助工具,来对队员们的技术进行更加精准的分析和指导。

(2)注重战术意识培养。

战术意识是足球运动员必备的重要素质之一。它是指运动员在比赛中能够根据比赛形势和对手情况,灵活运用技战术的能力。在校园足球训练中,我们需要注重战术意识的培养。通过战术分析和讲解,让队员们了解不同战术的特点和应用场景,培养他们的战术素养和团队协作能力。

在战术意识培养中,我们可以采用多种方法。例如,可以通过观看和分析比赛录像,让队员们了解不同战术的运用和效果;可以通过设置战术演练任务,让队员们在实践中学习和掌握战术;可以通过模拟比赛场景,让队员们在比赛中运用所学战术,提高他们的实战能力。此外,我们还可以邀请专业教练或职业球员来进行战术指导和交流,为队员们提供更加专业和深入的战术培训。

(3)增加体能训练。

在体能训练中,我们可以采用多种方法。例如,可以通过有氧运动和无氧运动的结合,提高队员们的心肺功能和肌肉力量;可以通过速度训练和灵敏度训练,提高队员们的移动速度和反应能力;可以通过耐力训练和力量训练,提高队员们的持久力和对抗能力。此外,我们还可以根据队员们的年龄和身体状况制订个性化的体能训练计划,确保他们在安全有效的前提下进行训练。

3. 训练环境的优化

(1)改善场地设施。

场地设施是足球训练的基础条件,一个完备的、符合比赛标准的场地可以为运动员提供更加接近实战的训练体验。因此,我们需要确保训练场地设施完备,包括足球场地、球门、球网、角旗等基础设施,以及照明、排水等附属设施。同时,保持场地的清洁和安全也是非常重要的,这不仅可以为运动员提供一个良好的训练环境,还能减少运动伤害的发生。

（2）加强器材设备保障。

除了场地设施，器材设备也是足球训练中不可或缺的一部分。这包括足球、护腿板、球衣、球鞋等基本装备，以及训练用器材、健身器材等辅助设备。我们需要确保这些器材设备的完好和充足，以满足运动员们训练的需求。同时，加强对器材设备的维护和管理也是非常重要的，这可以确保它们的正常使用和延长使用寿命，减少浪费和成本支出。

（3）提供营养保障。

足球运动是一项高强度的运动，对运动员的身体素质有着很高的要求。因此，提供合理的营养保障对于运动员的恢复和提高竞技水平有着至关重要的作用。我们需要根据运动员的身体状况和训练需求，制订合理的饮食计划和营养补充方案。这包括提供足够的蛋白质、碳水化合物、脂肪等宏量营养素，以及维生素、矿物质等微量营养素。同时，我们还需要关注运动员的水分摄入和补充，确保他们在训练中保持良好的水分平衡。

（4）营造良好的氛围。

一个积极向上、团结协作的氛围可以激发运动员的训练热情，增强他们的训练效果。我们需要在训练中营造这样的氛围，让运动员们感受到团队的力量和温暖。这可以通过组织团队活动、交流互动等方式实现。例如，可以定期组织团队建设活动，增强运动员之间的了解和信任；可以在训练中设置一些需要团队协作才能完成的任务或游戏，让运动员们在实践中学会如何与队友配合和沟通；可以在比赛前后组织队员进行心理调适和放松活动，帮助他们缓解压力和疲劳保持良好的心态和状态。

同时，鼓励队员们积极参与训练和比赛，激发他们的兴趣和热情，也是非常重要的。这可以通过设定明确的训练目标和奖励机制来实现，让队员们在完成任务后获得成就感和自信心。此外，教练员的言传身教和榜样作用也是营造良好氛围的关键因素之一。教练员需要以身作则展现出积极向上的态度和专业的素养，与队员们建立良好的师生关系，赢得他们的信任和尊重。

二、校园足球操作性训练理念的运用

（一）制订明确的训练计划

首先，教练需要了解学生的身体状况、技术水平、兴趣爱好等，以便制订个性化的训练计划。同时,教练还需要根据学校的足球队整体目标和发展方向,制定相应的训练计划。其次,教练需要明确具体的训练内容。这包括传球、射门、控球、运球等基本技能的练习,以及战术配合、团队协作等综合素质的培养。在制定训练内容时,教练需要注重内容的科学性和实效性,确保学生能够在短时间内掌握和提高足球技能。此外,教练还需要制定相应的训练方法和手段。这包括模拟比赛场景进行实战演练、个性化教学、团队合作训练等。通过不同的训练方法和手段,学生能够更好地理解和掌握足球技能,提高竞技水平。最后,教练还需要制定具体的训练时间安排。这包括每天的训练时间、每周的训练次数、每次训练的时间长度等。合理的训练时间安排能够确保学生有足够的时间进行训练和提高,同时避免过度训练和受伤的风险。操作性训练理念在校园足球训练中的运用需要教练根据学生的实际情况和训练目标,制订明确的训练计划。通过科学的训练内容、方法和时间安排,学生能够更好地掌握和提高足球技能,提高竞技水平。同时,这也能够为校园足球的发展注入新的动力和活力。

(二)注重实践操作

操作性训练理念强调实践操作的重要性,这是因为它能够让学生通过实际操作来直接体验和掌握足球技能。在校园足球训练中,教练应该注重实践操作,让学生通过不断地练习和体验,逐渐掌握和提高足球技能。教练可以通过组织学生进行传球、射门、控球等技能的练习,让学生在实战中提高技能水平。这些技能是足球比赛中最基本的技能,也是学生需要掌握的基本功。通过反复实践操作,学生可以逐渐掌握这些技能的要领和技巧,提高技能水平。还可以通过模拟比赛场景进行实战演练,让学生在实战中体验比赛的氛围和要求。通过模拟比赛场景,学生可以更好地理解比赛的规律和战术要求,增强比赛意识和团队协作能力。通过团队合作训练,学生可以更好地理解团队配合的要点和技巧,提高团队协作能力。实践性操作是操作性训练理念的核心。同时,教练还应该注重学生的个体差异和需求,制订个性化的训练计划和方法,确保每个学生都能够得到充分的训练和提高。

(三)强调战术意识培养

操作性训练理念不仅关注技能训练,还强调培养学生的战术意识和团队协作能力。在校园足球训练中,教练应该通过讲解和分析比赛案例,让学生了解足球比赛的规律和战术要求,培养学生的战术意识和团队协作能力。第一,教练可以通过分析比赛案例,让学生了解足球比赛的规律和战术要求。通过分析比赛案例,学生可以更好地理解比赛中的攻防转换、球员位置、传球配合等要点,从而更好地掌握比赛的规律和战术要求。第二,教练可以组织学生进行战术训练,培养学生的战术意识和团队协作能力。这包括进攻、防守、定位球等战术的训练,以及团队配合、角色分工等能力的培养。通过战术训练,学生可以更好地理解战术意图和要求,提高团队协作能力和整体战斗力。第三,教练还可以通过组织学生进行模拟比赛场景的训练,让学生在实践中体验战术要求和团队协作的重要性。

在校园足球训练中,教练应该通过讲解和分析比赛案例、组织战术训练和模拟比赛场景的训练等方式,培养学生的战术意识和团队协作能力,为提高校园足球的整体水平打下坚实的基础。

(四)注重体能素质提升

操作性训练理念强调在校园足球训练中,提升学生的体能素质是至关重要的。一个优秀的足球运动员不仅需要精湛的技术和战术意识,还需要良好的体能来支撑其在比赛中的表现。首先,有氧耐力是足球运动中不可或缺的一部分。教练可以通过长跑、间歇跑等有氧运动方式,提高学生的心肺功能和耐力水平,这将有助于学生在比赛中保持持久的奔跑能力和稳定发挥。其次,力量与爆发力的训练也是体能训练的重要组成部分。足球运动需要运动员具备快速启动、加速和冲刺的能力。因此,教练可以通过力量训练、爆发力训练等方式,提高学生的肌肉力量和爆发力,使其在比赛中更具竞争力。此外,灵敏性与柔韧性对于足球运动员来说也至关重要。在足球比赛中,运动员需要快速变向、灵活移动,还需要具备良好的柔韧性来减少受伤的风险。因此,教练可以通过敏捷性训练、柔韧性训练等方式,提高学生的灵敏性和柔韧性,使其在比赛中更加自如地应对各种情况。教练应该注重学生的体能训练,通过有氧耐力训练、力量与爆发力训练、灵敏性与柔韧性训练等方式,全面提高学生的体能素质,为其在比赛中发挥出色打下坚实的基础。同时,教练还需要根据每位学生的个体差异和实际需求,制订个性化的体能训练计划,确保每位学生都能在体能方面得到有效提升。

（五）注重心理调适与压力管理

操作性训练理念不仅关注运动员的技能、体能和战术意识，还强调心理调适与压力管理的重要性。在校园足球训练中，教练需要关注学生的心理状态，通过心理辅导和压力管理，帮助学生保持稳定的情绪和良好的心态，以更好地应对比赛和训练中的挑战。

教练需要关注学生的情绪和心态变化。足球比赛是一项充满激情和压力的运动，运动员的情绪和心态会受到各种因素的影响。教练可以通过观察学生的表现、倾听学生的心声、与学生进行沟通和交流等方式，及时了解学生的情绪和心态变化，并采取相应措施进行心理辅导。教练可以组织学生进行心理训练，提高其心理适应能力和抗压能力。这包括自我暗示、放松训练、集中注意力等心理训练方法，以及应对压力的技巧和策略。通过心理训练，学生可以更好地控制自己的情绪和心态，提高应对比赛和训练中挑战的能力。此外，教练还可以通过压力管理帮助学生调整心态。压力管理包括识别和评估压力源、制定应对策略、调整生活方式等方面。教练可以引导学生正确认识压力、掌握应对策略、适当调整自己的期望值等，以减轻压力对心态的影响，保持良好的心态。

通过心理调适与压力管理，学生可以更好地应对比赛和训练中的挑战，提高其表现水平和自信心。同时，教练也需要充分考虑学生的个体差异和实际需求，制定个性化的心理辅导和压力管理方案，确保每个学生都能得到充分的关注和支持。

三、创新训练理念在校园足球训练中的应用方法

（一）个性化训练

在校园足球训练中，个性化训练的理念正在逐渐受到重视。这种方法的核心是认识到每个学生都是独一无二的，他们的身体素质、技术水平、心理状态以及学习风格都存在差异。因此，一个统一的训练方法可能并不适用于所有学生。个性化的训练能够更好地满足学生的需求，使他们在训练中充分发挥自己的潜力。

要进行个性化训练，首先需要对学生进行全面的评估。这包括评估学生

的身体素质,如力量、速度、耐力和柔韧性等;技术水平,如传球、射门、控球和防守等;心理状态,如自信心、决心和应对压力的能力等。通过这些评估,教练可以深入了解学生的特点和需求,为每个学生制订个性化的训练计划和方法。

个性化的训练计划和方法应该根据学生的实际情况和需求进行制订。例如,对于身体素质较差的学生,教练可以制订针对性的体能训练计划,提高他们的力量和耐力;对于技术水平较低的学生,教练可以进行一对一的辅导,纠正他们的技术动作,提高他们的技术水平;对于心理状态不稳定的学生,教练可以进行心理辅导,帮助他们建立自信心和应对压力的能力。

个性化训练的好处是显而易见的。它可以确保每个学生都能在训练中得到适当的挑战和支持,从而增强他们的训练效果。它可以帮助学生建立自信心和自尊心,因为他们会感受到教练对他们的关注和重视。个性化训练可以培养学生的自主性和创造性,因为学生可以根据自己的特点和需求进行训练,发挥自己的想象力和创造力。个性化训练是校园足球训练中一种非常有效的训练方法。它可以满足不同学生的不同需求,使他们在训练中充分发挥自己的潜力。

(二)情景式训练

情景式训练,作为一种富有创新性和实效性的训练方法,已经被越来越多地应用到校园足球训练中。它通过精心设计和模拟真实的比赛场景,让学生在高度仿真的环境中进行技能训练和战术演练,从而达到快速掌握和熟练运用足球技能的目的。这种训练方法不仅极大地增强了训练的针对性和实效性,还能有效地培养学生的比赛意识和应对能力,使他们在真正的比赛中能够游刃有余、发挥自如。

1.情景式训练的优势

情景式训练相较于传统的训练方法,具有以下几个显著的优势:

高度仿真性:情景式训练通过模拟真实的比赛场景,包括场地布置、人员配置、比赛规则等,让学生在训练中就能体验到比赛的氛围和要求,从而更好地适应比赛的环境和节奏。

针对性强:教练可以根据不同的比赛场景和难度设置不同的训练内容,针对学生的薄弱环节进行有针对性的强化训练,从而提高他们的技能和战术水平。

互动性强：情景式训练往往需要学生之间的密切合作和沟通，这不仅锻炼了学生的团队协作能力，也增强了他们之间的互动和交流，有助于形成良好的团队氛围。

实战性强：情景式训练注重实战应用，让学生在模拟的比赛环境中进行技能训练和战术演练，使他们在真正的比赛中能够迅速做出反应，灵活运用所学的技能和战术。

2. 情景式训练的实践应用

进攻场景模拟：教练可以设置一个进攻场景，比如4对4的小场比赛，让学生在比赛中进行传球、射门和控球的练习。通过这样的模拟训练，学生可以更好地掌握进攻的技巧和战术，提高他们的进攻能力。同时，教练还可以根据比赛的实际情况，调整进攻场景的难度和复杂性，以适应不同水平学生的需求。

防守场景模拟：与进攻场景相对应，教练也可以设置一个防守场景，让学生在模拟的比赛中进行防守战术的练习。比如，教练可以安排一组学生作为进攻方，另一组学生作为防守方，进行防守反击的演练。通过这样的训练，学生可以更好地理解和掌握防守的技巧和战术，提高他们的防守能力。

定位球场景模拟：定位球在足球比赛中往往起着关键的作用。教练可以设置不同的定位球场景，如角球、任意球、点球等，让学生在模拟的比赛中进行定位球的练习。通过这样的训练，学生可以更加熟练地掌握定位球的技巧和战术，提高他们在比赛中的得分能力。

比赛心理模拟：除了技能和战术的训练，情景式训练还可以应用于学生的心理素质培养。教练可以设置一些模拟比赛的压力场景，让学生在紧张的比赛环境中进行技能和战术的演练。通过这样的训练，学生可以更好地适应比赛的压力和紧张氛围，提高他们的比赛心理素质。

3. 情景式训练的注意事项

精心设计场景：教练需要根据训练目标和学生的实际情况，精心设计模拟的比赛场景，确保场景的真实性和有效性。

合理配置人员：在情景式训练中，人员的配置也是非常重要的。教练需要根据场景的需要和学生的特点，合理安排人员的角色和位置。

注重引导与反馈：在训练过程中，教练需要注重对学生的引导和反馈。通过观察学生的表现和反应，教练可以及时发现问题并给予指导和帮助。同时，教练也要鼓励学生积极参与训练并发表自己的意见和建议,以便更好地完善训练内容和方式。

保持训练的连续性和系统性:情景式训练不是一次性的活动,而是需要长期坚持和不断完善的过程。教练需要根据学生的进步和反馈不断调整和优化训练计划,确保训练的连续性和系统性。

(三)互动式训练

互动式训练是一种注重学生之间互动和合作的训练方法。它通过组织学生以小组形式进行合作、角色扮演、对抗练习等,让学生在互动中学习和提高。这种训练方法不仅能够培养学生的团队协作能力和沟通能力,还能够增强学生的自信心和积极性。

在互动式训练中,教练可以根据不同的训练内容和目标,组织学生进行不同形式的互动。例如,教练可以组织学生进行小组合作,让他们共同完成一个任务或项目,培养他们的团队合作和沟通能力。教练也可以组织学生进行角色扮演,让他们模拟比赛中的不同角色,增强他们的比赛意识和应对能力。互动式训练的好处是显而易见的。首先,它可以让学生在互动中学习和提高,提高他们的技能水平和比赛经验。其次,它可以培养学生的团队协作能力和沟通能力,让他们更好地理解和执行战术和策略。最后,互动式训练可以提高学生的自信心和积极性,让他们更加热爱足球运动。

在实施互动式训练时,教练需要注意以下几点。首先,教练需要组织学生以小组形式进行互动和合作,确保每个学生都能够参与到互动中来。其次,互动式训练是一种非常有效的训练方法,它能够让学生在互动中学习和提高,培养他们的团队协作能力和沟通能力。

(四)比赛式训练

在校园足球训练中,比赛式训练占据了举足轻重的地位。它不仅是检验学生技能水平和战术意识的重要途径,更是提升学生竞技水平和比赛经验的有效手段。通过比赛式训练,教练可以针对学生的实际情况和需求,组织不同级别和形式的比赛,让学生在真实的比赛环境中不断挑战自我,实现自我超越。

1. 比赛式训练的多样性

比赛式训练的形式多样,可以根据学生的年龄、水平、训练目标等因素进行灵活设计。以下是几种常见的比赛式训练形式。

友谊赛:友谊赛是一种较为轻松的比赛形式,通常在学生之间或学校之间进行。它的目的是增进彼此的了解和友谊,同时让学生在比赛中体验足球的乐趣。友谊赛可以让学生在一个相对宽松的环境中展示自己的技能,培养他们的比赛意识和团队精神。

邀请赛:邀请赛是一种由教练或学校组织的较为正式的比赛,通常会邀请其他学校或团队的学生参加。这种比赛形式的竞技性较强,可以在一定程度上检验学生的训练成果。同时,邀请赛也为学生提供了一个与其他优秀选手交流学习的机会,激发他们的竞技欲望和进取心。

锦标赛:锦标赛是一种较为大型的比赛形式,通常会在多个学校或团队之间进行。它的竞技性和观赏性都较强,可以吸引更多的人关注和参与校园足球运动。锦标赛的赛制和组织形式较为复杂,需要教练和学校进行精心的筹备和组织。通过这种形式的比赛,学生可以更加深入地体验比赛的紧张氛围和竞技压力,提升自己的心理素质和应对能力。

2. 比赛式训练的益处

检验技能水平和战术意识:比赛是检验学生技能水平和战术意识的最佳场所。在比赛中,学生需要灵活运用所学的技能和战术,根据比赛的实际情况做出迅速而准确的判断和反应。通过这样的检验,学生可以更加清楚地认识自己的不足之处,并在后续的训练中加以改进和完善。

提高竞技水平和比赛经验:比赛式训练可以让学生在一个真实的竞技环境中不断提升自己的竞技水平。通过与不同对手的交锋,学生可以逐渐适应并应对各种比赛风格和战术打法,积累丰富的比赛经验。这些经验不仅有助于学生在比赛中取得更好的成绩,还能为他们的足球生涯奠定坚实的基础。

激发兴趣和动力:比赛式训练具有很强的吸引力和挑战性,可以充分激发学生的兴趣和动力。在比赛中,学生可以感受到足球运动的魅力和激情,体验到胜利的喜悦和挫折的痛苦。这些情感体验可以让学生更加热爱足球运动,并愿意为之付出更多的努力和时间。

培养团队精神和协作能力:足球是一项团队运动,需要队员之间的密切合作和默契配合。在比赛式训练中,学生需要学会与队友沟通和协作,共同面对挑战和解决问题。通过这样的经历,学生可以逐渐培养出团队精神和协作能力,这对于他们未来的生活和职业发展都具有重要的意义。

3. 实施比赛式训练的注意事项

合理安排比赛时间和频率：根据学生的年龄、体能和训练计划等因素，合理安排比赛的时间和频率。避免过于密集的比赛安排导致学生过度疲劳或受伤。

注重比赛的公平性和安全性：在组织比赛时，要确保比赛的公平性和安全性。制定合理的比赛规则和纪律要求，确保所有学生都能在一个公正、安全的环境中进行比赛。

提供必要的指导和支持：在比赛过程中，教练需要提供必要的指导和支持。通过观察学生的表现和反应，及时发现问题并给予指导和帮助。同时，也要鼓励学生积极参与比赛并发挥自己的潜力。

重视比赛的总结和反馈：在比赛结束后，教练需要组织学生进行及时的总结和反馈。通过分析和总结比赛的过程与结果，让学生更加清楚地认识自己的不足之处并制订后续的训练计划。

（五）数据驱动的训练

数据驱动的训练是一种基于数据分析和运筹学方法的训练理念，它通过收集、分析学生的训练和比赛数据，为教练提供科学、客观的决策依据，从而制定针对性的训练计划和方法。这种训练方法能够更加准确地评估学生的表现和需求，增强学生的训练效果。

在数据驱动的训练中，教练可以利用现代科技手段，如运动监控系统、数据分析软件等，对学生的训练和比赛数据进行收集、整理和分析。这些数据可以包括学生的身体指标、技术统计、战术执行情况等，通过数据分析可以发现学生在训练和比赛中的不足之处，以及潜在的优势和潜力。

数据驱动的训练的好处是显而易见的。首先，它可以为教练提供更加准确、客观的决策依据，使训练计划更加科学、合理。其次，它可以针对学生的个体差异和需求，制定个性化的训练计划和方法，增强训练效果。

在实施数据驱动的训练时，教练需要注意以下几点。首先，教练需要选择合适的科技手段和数据分析工具，确保数据的准确性和可靠性。其次，教练需要根据学生的实际情况和需求，制定合理的训练计划和方法，避免过度依赖数据而忽略学生的个体差异和需求。最后，教练需要不断调整和改进数据分析和训练计划，以适应学生的变化和发展。

第五章 校园足球联赛机制建设

第一节 校园足球竞赛体系的相关理论

一、校园足球竞赛体系的概念与特点

校园足球竞赛体系是校园足球运动的重要组成部分,它不仅为学生提供了展示足球技能、提高身体素质的平台,也促进了校园足球文化的繁荣发展。下面将对校园足球竞赛体系的概念和特点进行详细论述。

(一)校园足球竞赛体系的概念

校园足球竞赛体系,是一个丰富而多维的框架,它涵盖了校园内开展的各种足球比赛活动。这些比赛不仅有各级别的正式比赛,还有友谊赛、邀请赛等多种形式,它们共同构成了校园足球文化的重要组成部分。

首先,各级别的比赛是校园足球竞赛体系的核心。这些比赛通常由学校或校际组织举办,按照年龄、年级或性别分组,确保公平竞争。通过这些比赛,学生能够锻炼自己的足球技能,提升比赛经验。更重要的是,他们能够从中学习到团队合作、竞技精神和体育道德等重要价值观。

其次,友谊赛和邀请赛则是校园足球竞赛体系的延伸。这些比赛通常在节假日、体育节或其他特殊场合举行,旨在加强学校与学校、学生与学生之间的交流和友谊。它们不仅能够丰富学生的课余生活,还能拓宽学生的视野,提高他们的社交能力。此外,校园足球竞赛体系还具有普及和提高的双重功能。通过这些比赛,足球运动得以在校园内广泛普及,更多学生有机会接触和了解这项运动。同时,比赛也是提高足球技能水平的重要途径。在比赛中,学生能够发现自己的不足,进而在训练中加以改进,提升自己的技术水平。更为重要的是,校园足球竞赛体系对于增强学生的身体素质和团队合作精神具有显著作用。在比赛中,学生需要不断奔跑、冲刺、跳跃,这些都能有效提高他们的体

能和灵活性。同时,比赛中的团队协作、相互鼓励和支持,也能培养学生的团队合作精神和集体荣誉感。

最后,校园足球竞赛体系能营造浓厚的校园足球文化氛围。通过这些比赛,足球运动成为校园生活的一部分,学生们对足球的热情得以激发,足球文化得以在校园内生根发芽。这种文化氛围不仅能够丰富学生的精神生活,还能提升学校的整体形象。校园足球竞赛体系不仅是一项体育竞技活动,更是一种教育方式。它通过比赛的形式,培养学生的竞技精神、团队协作能力和规则意识等素质,也能提高学生的自信心、意志力和心理承受能力等非智力因素。校园足球竞赛体系是一个综合性的、多维度的体系,它涵盖了各级别的比赛、友谊赛和邀请赛等多种形式。这个体系不仅有助于普及和提高足球技能水平,增强学生的身体素质和团队合作精神,还能营造浓厚的校园足球文化氛围。因此,我们应该重视并持续推动校园足球竞赛体系的发展和完善,让更多的学生爱上这项运动。

(二)校园足球竞赛体系的特点

(1)普及性:校园足球竞赛体系的对象是全体学生,旨在让更多的学生参与到足球运动中来。通过比赛活动的开展,能够激发学生对足球的兴趣和热爱,提高他们的参与度。

(2)趣味性:校园足球竞赛体系注重比赛的趣味性和吸引力。在比赛过程中,学生不仅能够展示自己的技能水平,还能感受到比赛带来的快乐和成就感。这种趣味性能够吸引更多的学生参与到足球运动中来,增强他们的积极性和主动性。

(3)竞技性:虽然校园足球竞赛体系注重普及性和趣味性,但并不意味着它没有竞技性。在比赛中,学生需要展示自己的技能水平,通过竞技较量来检验自己的实力。同时,比赛还能够培养学生的竞技精神和拼搏精神,增强他们的自信心和自尊心。

(4)教育性:校园足球竞赛体系不仅是一种体育竞技活动,更是一种教育方式。通过比赛,学生能够学到很多书本上学不到的知识和技能,如团队协作能力、规则意识、意志力等。这些素质的培养对于学生的未来发展具有重要的意义。

校园足球竞赛体系具有普及性、趣味性、竞技性和教育性等特点,这些特点使得它成为一种深受学生喜爱的运动形式。通过比赛活动的开展,学生能够锻炼身体、提高技能水平、增强团队合作精神和规则意识,也能感受到足球运动带来的快乐和成就感。

二、校园足球竞赛体系的构建

构建一个完善的校园足球竞赛体系,需要从多个方面入手,包括制定合理的竞赛制度、加强组织管理、丰富比赛形式等。下面将对校园足球竞赛体系的构建进行详细论述。

(一)制定合理的竞赛制度

制定合理的竞赛制度是构建校园足球竞赛体系的基础,它涉及比赛活动的组织、管理、实施和评估等多个方面。为了确保比赛活动的公平、公正、有序进行,学校应根据学生的实际情况和需求,制定适合不同年级不同水平的比赛制度。

首先,学校需要深入了解学生的足球技能水平、身体状况和兴趣爱好等实际情况,以便制定出符合学生需求的比赛制度。例如,对于初学者和低年级学生,可以制定更为简单、易懂的比赛规则,降低比赛难度,提高他们的参与度和兴趣。而对于高年级和高水平学生,则可以制定更为复杂、具有挑战性的比赛规则,以满足他们的竞技需求。

其次,明确各级比赛的参赛资格、比赛规则、奖励办法等是确保比赛活动公平、公正的关键。学校应明确规定各级比赛的参赛条件,如年龄、年级、性别等要求,确保比赛的公平性。同时,制定详细的比赛规则,包括比赛时间、场地要求、球员装备等,以确保比赛的规范性和安全性。此外,学校还应设立合理的奖励机制,以激发学生的参与热情和竞技精神。

为了确保比赛活动的合规性和规范性,学校还应建立完善的赛事申报和审批制度。这一制度应包括赛事的申报流程、审批标准、监管措施等方面。学校可以设立专门的赛事管理部门或指定专人负责赛事的申报和审批工作。在申报环节,要求申请者提供详细的赛事计划和方案,包括比赛目的、参赛对象、比赛时间、地点、预算等。在审批环节,学校应依据一定的标准和程序对申报的赛事进行评估和审查,确保其符合学校的规定和要求。

同时,学校还应加强对赛事活动的监管和管理。在比赛过程中,学校应派遣专业的裁判和工作人员,确保比赛的公正性和顺利进行。对于违反比赛规则和体育道德的行为,学校应及时予以处理和教育,维护比赛的严肃性和公平性。

此外,学校还可以通过加强与其他学校和机构的合作与交流,共同推动校园足球竞赛体系的完善和发展。通过借鉴其他学校和机构的经验和做法,学校可以不断完善自己的竞赛制度和管理模式,提高校园足球竞赛的质量和水平。制定合理的竞赛制度是构建校园足球竞赛体系的基础。通过深入了解学生的实际情况和需求,明确各级比赛的参赛资格、比赛规则、奖励办法等,建立完善的赛事申报和审批制度以及加强赛事活动的监管和管理等措施,可以确保校园足球竞赛活动的公平、公正、有序进行为,学生提供更好的竞技平台和发展空间。

(二)加强组织管理

加强组织管理是构建校园足球竞赛体系的重要保障,它涉及比赛活动的组织、协调、监督等多个方面。为了确保比赛活动的顺利进行,学校应设立专门的足球竞赛管理部门,负责比赛活动的组织、协调、监督等工作。

首先,设立专门的足球竞赛管理部门是必要的。这个部门应该具备专业的足球知识和丰富的组织管理经验,能够为比赛活动的顺利进行提供有力保障。该部门的工作人员应该具备高度的责任心和敬业精神,能够全身心地投入到比赛的组织和管理工作中。同时,这个部门还应该与其他相关部门和人员保持良好的沟通和协作,确保比赛活动的顺利进行。

其次,建立完善的赛事管理和监督机制是确保比赛活动公正性和透明度的关键。学校应该制定详细的赛事管理和监督制度,明确各个部门和人员的职责和权限,确保比赛活动的公正性和透明度。同时,学校还应该加强对比赛过程的监管和监督,防止任何形式的违规行为和不公平现象的发生。加强组织管理还需要注重细节和服务质量。在比赛前,学校应该对场地、设备等进行全面检查和准备,确保比赛的顺利进行。在比赛中,学校应该提供专业的裁判和工作人员,确保比赛的公正性和安全性。在比赛后,学校应该及时进行总结和评估,发现问题并及时改进,为下一次比赛提供更好的服务。

同时,加强组织管理还需要注重宣传和推广。学校可以通过各种渠道和形式宣传和推广校园足球竞赛活动,提高学生对足球运动的认知度和参与度。

例如,可以通过校园广播、宣传栏、社交媒体等渠道进行宣传和推广,吸引更多的学生参与比赛活动。

(三)丰富比赛形式

丰富比赛形式是构建校园足球竞赛体系的关键。为了满足不同学生的兴趣和需求,学校应该开展多种形式的比赛活动,让更多的学生能够参与到足球比赛中来。首先,校级联赛是校园足球竞赛体系的重要组成部分。通过校级联赛,学生可以展示自己的足球技能和竞技水平,同时也可以与其他学校的同学进行交流和切磋。校级联赛可以按照年级或性别分组,确保比赛的公平性和竞争性。其次,年级对抗赛也是学生非常喜欢的比赛形式。通过年级对抗赛,同年级的学生可以在一起进行比赛,增进彼此之间的友谊和团队合作精神。这种比赛形式可以让学生更加了解自己所在的年级的足球水平和风格,同时为学校选拔优秀球员提供了更多的机会。

此外,班级友谊赛也是非常受欢迎的比赛形式。通过班级友谊赛,学生可以在轻松愉快的氛围中进行比赛,增进班级之间的友谊和团结。这种比赛形式可以让学生更加了解自己班级的足球水平和风格,也为班级之间的交流和合作提供了更多的机会。

除了以上几种比赛形式,学校还可以邀请其他学校或组织进行友谊赛或邀请赛。这种比赛形式可以加强校际交流和合作,让学生更加了解其他学校的足球水平和风格,也为学生提供了更多的比赛机会和经验。

总之,丰富比赛形式是构建校园足球竞赛体系的关键。通过多种形式的比赛活动,可以满足不同学生的需求,提高学生的参与度。同时,这些比赛活动也可以为学生提供更多的交流和合作机会,促进学生的全面发展。因此,学校应该根据学生的兴趣和需求,不断丰富比赛形式,为校园足球竞赛体系注入新的活力和动力。

(四)加强师资队伍建设

加强师资队伍建设是构建校园足球竞赛体系的重要环节。学校应加强足球师资队伍建设,提高教师的专业素养和教学能力。教师不仅需要具备扎实的足球技能和理论知识,还需要具备良好的组织管理能力和团队合作精神。同时,学校还应定期组织教师培训和学习活动,提高教师的专业素养和教学能力。

(五)完善基础设施和器材保障

完善的基础设施和器材保障是构建校园足球竞赛体系的基础条件。学校应提供充足的足球场地和设施,确保比赛活动的顺利进行。同时,还需要提供足够的器材保障,确保比赛活动的顺利进行。此外,学校还应建立完善的器材管理制度和维护机制,确保器材的安全和正常使用。

三、校园足球竞赛体系的作用与意义

校园足球竞赛体系在校园足球运动中发挥着重要的作用,它不仅为学生提供了展示才能、交流技艺的平台,也为培养青少年足球人才、推动校园足球文化的发展做出了积极贡献。下面将对校园足球竞赛体系的作用与意义进行详细论述。

(一)提高学生的身体素质

通过参与校园足球竞赛活动,学生可以锻炼到身体的个人部位,提高体能、速度、灵敏度和协调性等身体素质。在比赛中,学生需要不断奔跑、冲刺、抢断和传球等,这些动作需要消耗大量的体能和精力,因此能够提高学生的心肺功能和耐力水平。同时,比赛中的激烈对抗和快速变化也能够锻炼学生的反应能力和灵活性。

(二)培养学生的团队合作精神和竞技能力

在校园足球竞赛中,学生需要与队友紧密合作,共同完成比赛任务。在比赛中,学生需要学会如何与队友沟通、协作和配合,这种经验对于他们未来的职业发展也具有重要的意义

此外,校园足球竞赛还能够培养学生的竞技能力。在比赛中,学生需要学会如何应对不同的情况和对手,如何调整自己的战术和策略,这些都需要具备一定的竞技能力和智慧。通过比赛的锻炼,学生能够提高自己的竞技水平和心理素质,为未来的职业发展打下坚实的基础。

(三)推动校园足球文化的发展

校园足球竞赛是校园足球文化的重要组成部分,它能够营造浓厚的校园

足球文化氛围,增强学生对足球运动的热爱和兴趣。通过比赛活动的开展,学生可以了解更多的足球知识和文化,提高自己的足球素养和欣赏水平。同时,比赛活动还能够促进校际的交流和合作,推动校园足球文化的普及和发展。

(四)为青少年足球人才的培养提供平台

校园足球竞赛体系为青少年足球人才的培养提供了重要的平台。在比赛中,一些具有潜力的学生可以脱颖而出成为青少年足球人才的培养对象。这些学生可以在比赛中锻炼自己的技能水平,提高自己的竞技能力,为未来的职业发展打下坚实的基础。同时,学校还可以通过组织各种形式的培训和训练活动,进一步提高这些学生的技能水平和综合素质。

校园足球竞赛体系在提高学生的身体素质、培养学生的团队合作精神和竞技能力、推动校园足球文化的发展以及为青少年足球人才的培养提供平台等方面都具有重要的作用和意义。因此,我们应该加强校园足球竞赛体系的构建和管理,确保比赛活动的公平、公正、有序进行,为校园足球的进一步发展做出积极贡献。

第二节 我国校园足球竞赛开展的现状及问题分析

一、我国校园足球竞赛开展的现状

近年来,我国校园足球在各级政府和学校的广泛关注和重视下,迎来了蓬勃的发展时期。这种关注不仅体现在对校园足球运动的推广和普及上,更体现在对校园足球竞赛的高度重视和大力支持上。各级政府和学校纷纷加大了对校园足球的投入力度,从政策、资金、设施等多个方面为校园足球竞赛的开展提供了有力保障。

(一)校内比赛的繁荣开展

在校园足球的推动下,校内足球比赛如火如荼地展开,成为学校体育活动中的一道亮丽风景线。这些比赛以班级、年级为单位,利用课余时间进行,吸引了众多学生的积极参与。足球比赛的举办,不仅丰富了学生的课余生活,让学生在紧张的学习之余得到放松和娱乐。更重要的是,这些比赛培养了学生的团队精神和合作意识,为他们的全面发展奠定了坚实的基础。

校园足球比赛的举办,为学生们提供了一个展示自己的平台。在这个平台上,学生们可以尽情地挥洒汗水,展现自己的球技和风采。同时,足球比赛也是学生们交流互动的良好机会。在比赛中,学生们需要与队友紧密合作,共同商讨战术和策略。通过不断的沟通和协作,他们逐渐建立起深厚的友谊和默契,形成了团结互助的良好氛围。

除了培养学生的团队精神和合作意识,校园足球比赛还教会了学生如何面对失败和挫折。在比赛中,输赢乃兵家常事,没有人能够永远保持胜利。通过经历失败和挫折,学生们学会了如何调整心态、保持冷静,并从中汲取经验和教训。这种经历对他们的成长具有重要意义,让他们在未来的生活中更加坚强、勇敢。

此外,校园足球比赛还促进了学校体育文化的建设和发展。比赛期间,学校会组织各种形式的宣传和活动,激发学生对足球运动的兴趣和热爱。同时,学校还会邀请专业人士对比赛进行指导和点评,提高学生的足球技能和素质。这些举措不仅推动了校园足球的普及和发展,也为学校的体育文化建设注入了新的活力和动力。

(二)校外比赛的层次丰富

除了校内比赛,我国校园足球竞赛在校外也展现出层次丰富、形式多样的特点,为热爱足球的学生提供了更广阔的舞台。这些校外比赛不仅提高了学生的竞技水平,促进了学校之间的交流与合作,还让学生们有机会接触到更高水平的足球运动,进一步点燃他们对足球的热情和追求。

校际联赛是校外足球比赛的重要组成部分。这些联赛通常由同一地区或不同地区的学校组队参加,按照一定的赛制进行比赛。校际联赛的举办不仅增加了学校之间的友谊和合作,还为学生提供了与不同学校、不同风格的对手交锋的机会。这种交流可以让学生更加全面地了解自己的实力和潜力,也可以借鉴和学习其他学校的优点和长处。

省级比赛和全国性比赛则是更高层次的校园足球竞赛。这些比赛通常由各省、区、市的教育部门或足球协会组织,参赛队伍来自全省(区、市)乃至全国的学校。这类比赛的竞技水平较高,对学生的足球技能和战术素养要求更严格。通过这些比赛,学生们可以接触到更高水平的足球运动,与来自全国各地的优秀选手同场竞技,从而提升自己的竞技水平和比赛经验。

除了竞技水平的提高,校外足球比赛还为学生们提供了更多展示自己的机会。在比赛中,学生们可以充分展示自己的球技、战术理解和团队协作能力,吸引更多人的关注和赞赏。这种展示不仅可以增强学生的自信心和自尊心,还可以为他们未来的足球生涯和职业发展打下坚实的基础。

同时,校外足球比赛也是学生们拓展人际关系、增进友谊的良好平台。这种友谊不仅可以在赛场上互相支持、互相鼓励,还可以在生活中互相关心、互相帮助,成为彼此成长道路上的良师益友。

(三)规模不断扩大,参与人数众多

随着校园足球的普及和推广,我国校园足球竞赛的规模正在经历一个前所未有的扩张时期。从过去的只有少数学校参与,到现在越来越多的学校积极加入,校园足球已经成为一个广泛参与、深入人心的体育活动。

这种规模的扩大首先体现在参赛学校数量的显著增加。以前,可能只有少数几所学校会组织足球队参加校外的足球比赛;而现在,无论是城市还是乡村,无论是重点学校还是普通学校,都纷纷组建自己的足球队,积极参与到各级足球比赛中。这种变化不仅反映了学校对足球运动的重视和支持,也体现了学生们对足球的热情和追求。

除了参赛学校数量的增加,参与足球比赛的学生人数也在迅速增长。越来越多的学生加入足球这项运动中,他们不仅在体育课上积极参与足球训练,还会在课余时间自发组织足球活动,享受足球带来的快乐和挑战。这种广泛的参与不仅提高了学生的身体素质和运动技能,还培养了他们的团队精神和竞争意识,为他们的全面发展打下了坚实的基础。

(四)政府和社会的大力支持

我国政府对校园足球的发展给予了高度重视和大力支持。各级教育部门纷纷出台相关政策,推动校园足球的普及和发展。同时,政府也加大了对校园足球的资金投入,为学校提供足球设施建设和比赛经费等方面的支持。此外,社会各界也对校园足球联赛的发展给予了高度关注和支持。企业、社会团体等纷纷通过赞助、捐赠等方式支持校园足球竞赛的开展,为这项运动的发展注入了新的活力。随着国家对足球运动的持续重视和推广,以及社会各界对校

园足球的支持和关注,我们相信校园足球竞赛将会继续蓬勃发展。未来,我们可以期待更多高水平的比赛、更完善的赛事体系以及更广泛的参与群体。同时,我们也需要继续努力提高教练水平、完善场地设施等方面的工作,为校园足球竞赛的健康发展提供有力保障。

二、我国校园足球竞赛存在的问题

(一)竞赛制度不完善

目前,我国校园足球竞赛的制度还存在一些不足之处,缺乏统一的标准和规范。参赛资格方面,各级比赛的参赛队伍和参赛人员的资格没有一个明确的规定,这容易导致出现一些争议和不公平的现象。例如,有些学校可能会派出高年级的学生参加比赛,有些学校则可能派出低年级的学生,这会导致比赛的公平性和公正性受到影响。

比赛规则方面,各级比赛的比赛规则没有一个明确的规定,这容易导致出现一些争议和不满。例如,比赛时间、比赛场地、比赛用球等都应该有明确的规定,以确保比赛的公正性和公平性。此外,奖励办法方面也没有一个明确的规定,这容易导致出现一些不合理的奖励方式,影响比赛的公正性和公平性。同时,一些学校的足球竞赛制度也存在不规范的情况。有些学校的比赛时间安排不合理,导致学生无法正常参加比赛或者比赛时间过长影响学生的学习和生活。为了解决这些问题,我们需要进一步完善校园足球竞赛的制度。首先,需要制定统一的参赛资格标准,确保参赛队伍和参赛人员的资格公平和合理。其次,需要制定明确的比赛规则和奖励办法,确保比赛的公正性和公平性。同时,对于一些不规范的情况,需要加强管理和监督,确保比赛活动的顺利进行

除此之外,我们还需要加强校园足球竞赛的宣传和推广。同时,我们也需要加强对校园足球竞赛的组织和管理,确保比赛活动的安全和有序进行。完善校园足球竞赛的制度和加强组织管理等方面的工作是非常重要的。只有这样才能够更好地发挥校园足球竞赛的作用和意义,为青少年足球人才的培养和青少年身心健康的发展做出积极的贡献。

(二)组织管理不到位

在校园足球竞赛的组织管理方面,确实存在一些学校存在不到位的情况。

首先,缺乏专业的组织管理人员是一个普遍的问题。由于缺乏专业的组织管理人员,这些学校往往无法有效地组织、协调和监督比赛活动。他们可能没有足够的人员来负责比赛的筹备、组织和执行,导致比赛活动的顺利进行受到影响。

其次,一些学校的组织管理流程不够规范也是一个重要的问题。他们可能没有明确的组织管理流程和规章制度导致比赛活动的组织和管理缺乏规范性和可操作性。例如,在比赛时间安排、比赛场地选择、比赛用球确定等方面,如果没有明确的规章制度和流程,就容易出现不透明和不公正的情况

这些不规范的情况不仅会影响比赛的顺利进行,还会给比赛活动的公正性和公平性带来挑战。例如,由于缺乏专业的组织管理人员和规范的管理流程,一些学校可能会出现比赛时间安排不合理、比赛场地选择不公正、比赛用球不统一等问题。这些问题不仅会影响比赛的公正性和公平性,还会影响学生参与足球运动的积极性和兴趣。

为了解决这些问题,我们需要加强校园足球竞赛的组织管理。首先,需要建立专业的组织管理团队,负责比赛的筹备、组织和执行。这个团队应该包括专业的足球教练、裁判员和其他相关人员,以确保比赛活动的顺利进行。其次,需要制定明确的组织管理流程和规章制度,确保比赛活动的组织和管理有章可循、有据可查。

除此之外,我们还需要加强对校园足球竞赛的宣传和推广。通过各种渠道宣传和推广校园足球竞赛,可以提升学生和家长对比赛的了解度和关注度,从而增强学生参与足球运动的积极性和兴趣。同时,我们也需要加强对校园足球竞赛的组织和管理人员的培训和管理,提高他们的专业素养和组织管理能力。

(三)基础设施建设不足

在校园足球竞赛中,基础设施的建设无疑是最为基础且关键的条件。一个质量上乘、设施完善的足球场地和设施,不仅能够保证比赛的顺利进行,还能为学生提供更好的运动体验,提升他们的运动技能。然而,当前我国一些学校的足球场地和设施建设还存在诸多不足,这给比赛活动的顺利进行带来了不小的困难。

首先,一些学校的足球场地质量不高。这可能是由于场地建设初期资金

不足、设计不合理,或者后期维护不当等因素导致的。质量不高的足球场地往往会出现地面不平整、草皮质量差、排水不畅等问题,这些问题不仅会影响比赛的进行,还有可能对学生的运动安全造成威胁。

其次,一些学校的足球设施陈旧。这些设施可能已经使用了多年,没有及时地更新和替换。陈旧的设施不仅会影响比赛的观赏性和学生的运动体验,还可能因为设备老化而存在安全隐患。

此外,一些学校还缺乏对基础设施的维护和管理意识。他们可能没有专门的维护团队或管理规定,导致设施在出现问题时无法得到及时维修,甚至在无人使用的情况下出现损坏和浪费。

为了解决这些问题,我们需要加强对校园足球基础设施的建设和维护。首先,学校应该加大对足球场地和设施建设的投入,确保有足够的资金用于场地建设和设施更新。其次,学校应该建立专门的维护团队或管理规定,确保设施在使用过程中得到及时的维护和保养。同时,学校还应该加强对学生的教育和引导,增强他们对设施的爱护和使用意识。

此外,政府和社会也应该给予校园足球基础设施更多的关注和支持。政府可以出台相关政策,鼓励学校加大对足球基础设施的投入;社会也可以通过捐赠、赞助等方式支持学校的足球基础设施建设。

(四)师资力量不足

在校园足球竞赛中,教师的专业素养和教学能力是至关重要的。他们不仅是比赛的组织者和指导者,更是学生足球技能和运动精神的培育者。然而,当前我国一些学校的足球师资力量还存在不足的情况,这给比赛活动的质量带来了不小的影响。

首先,一些学校的足球教师数量不足。由于师资力量的短缺,学校可能无法为每个班级配备专业的足球教师,导致学生在比赛中缺乏专业的指导和训练。数量不足的足球教师还可能因为工作量过大而无法充分关注每个学生的需求,从而影响比赛的质量。

其次,一些学校的足球教师的教学水平不高。这可能是由于缺乏专业培训、教学方法不当或者教学经验不足等因素导致的。教学水平不高的教师往往无法有效地传授足球技能和知识,也无法激发学生的运动兴趣和热情。他们的教学方法可能过于传统或缺乏创新,无法满足现代足球教育的需求此外,一些学校还缺乏对师资力量的培训和管理意识。他们可能没有为足球教师提供定期的培训和发展机会,导致教师的专业素养和教学能力无法得到有效的提升。同时,学校的管理层也可能缺乏对足球教学的重视和支持导致教师在工作中缺乏动力和信心。

为了解决这些问题,我们需要加强对校园足球师资力量的建设和培训。首先,学校应该加大对足球教师的招聘和培养力度,确保有足够数量的专业教师从事足球教学工作。其次,学校应该为足球教师提供定期的培训和发展机会,帮助他们提升专业素养和教学能力。同时,学校还应该加强对足球教学的管理和监督,确保教学质量得到有效保障。政府可以出台相关政策,鼓励学校加大对足球师资的投入;社会也可以通过捐赠、赞助等方式,支持学校的足球师资培训和发展。

加强校园足球师资力量的建设和培训是非常重要的。只有确保教师的专业素养和教学能力得到有效提升,才能为校园足球竞赛的顺利进行提供有力的保障,为青少年足球人才的培养和青少年身心健康的发展创造更好的条件。

我国校园足球竞赛在开展过程中存在一些问题。为了推动校园足球竞赛的健康发展,我们提出以下建议:

1. 完善竞赛制度

建立完善的校园足球竞赛制度,明确各级比赛的参赛资格、比赛规则、奖励办法等标准规范,确保比赛活动的公平性和公正性。

2. 加强组织管理

建立专业的组织管理团队,加强对比赛活动的组织、协调、监督等工作,确保比赛活动的顺利进行。同时,规范组织管理流程,提高透明度和公正性。

3. 加强基础设施建设

加大对足球场地和设施的投入力度,提高基础设施的质量和水平。加强对基础设施的维护和管理意识,确保设施的正常使用和延长使用寿命。

4. 加强师资队伍建设

加大对足球师资力量的投入力度,提高教师的专业素养和教学能力。加强对师资力量的培训,不断提高教师的专业水平和综合素质。

第三节　我国校园足球竞赛体系的构建

一、构建校园足球竞赛体系的意义

（一）提供更多的比赛机会，锻炼技能、提高水平

随着社会的发展和进步，体育教育在学生成长过程中的作用越来越受到重视。特别是在足球这项全球流行的运动中，构建校园足球竞赛体系不仅为学生提供了更多的比赛机会，还在多个方面对学生的全面发展产生了深远的影响。构建校园足球竞赛体系，最直接的影响是为学生提供了更多的实战机会。与日常训练不同，比赛中的压力和挑战能够迫使学生发挥出他们的潜力。通过不断的比赛，学生可以在实战中熟悉和运用所学的足球技能，从而提高自己的竞技水平。这种从实践中获得的经验，比单纯的理论学习或训练更为宝贵。

足球比赛不仅仅是一场技能和战术的较量，更是一场意志的考验。在比赛中，学生往往会遇到各种预料之外的困难和挑战，如比分落后、身体疲劳、对手的强大压力等。这些时候，正是考验学生意志品质的时刻。通过参与比赛，学生可以学会如何面对困境、如何调整心态、如何坚持到最后。这种经历会让学生变得更加坚韧、自信和勇敢，为他们未来的生活和工作做好准备。足球是一项团队运动，一个人的力量再强大也难以战胜整个团队。在比赛中，学生需要学会与队友沟通、协作和配合，共同为团队的胜利而努力。这种团队合作精神的培养，不仅有助于学生在足球场上取得成功，更会对他们未来的团队合作和项目管理能力产生积极的影响。

通过参与校园足球竞赛，学生不仅可以提高自己的足球技能，还可以结识更多的朋友和伙伴。这些来自不同班级、不同年级甚至不同学校的同学，会因为共同的爱好和目标而走到一起。他们可以在比赛中相互学习、相互鼓励，也可以在比赛之外建立深厚的友谊和合作关系。这种社交和人际关系的拓展，对学生的个人成长和未来发展都是非常有益的。构建校园足球竞赛体系不仅对学生的个人成长有积极影响，还会对整个校园文化产生积极的推动作用。足球比赛可以成为学校文化和体育活动的重要组成部分，吸引更多的学生参

与其中。同时,比赛也可以成为学校之间交流和合作的桥梁,促进校园文化的丰富和发展。构建校园足球竞赛体系对学生的积极影响是多方面的。它不仅提供了实战锻炼和技能提升的机会,还培养了学生的意志品质和团队合作精神。同时,它也为学生拓展了社交和人际关系网络,对校园文化的丰富和推动起了积极的作用。因此,我们应该重视并加强校园足球竞赛体系的构建和完善,让更多的学生从中受益并实现全面发展。

(二)促进学校之间的交流与合作

在现代教育中,体育交流已经成为学校之间合作与沟通的重要桥梁。特别是在足球这项全球性的运动中,校园足球竞赛体系不仅提升了学生的体能和技能,更在深层次上促进了学校之间的交流与合作。这种交流不仅仅局限于足球场上,更延伸到了教育、文化和生活等各个方面。通过校园足球竞赛,不同学校的学生和教师得以在赛场上相遇。这种相遇不仅是一场竞技的较量,更是一次相互了解和学习的过程。在比赛中,各学校可以观察对方的战术、技能和团队合作精神,从而发现自身的不足和提升空间。这种直观的了解和学习,比单纯的理论交流更为有效和深刻。足球比赛虽然是一种竞技活动,但它同样可以成为学校之间建立友谊和合作关系的契机。在比赛中,学生们可以感受到来自对手的尊重和友谊,这种情感交流有助于打破学校之间的隔阂和陌生感。而在比赛之外,各学校还可以通过互访、交流学习等形式进一步加强合作关系,共同推动校园足球的发展。

参与校园足球竞赛不仅是一次体育竞技的经历,更是一段文化和生活体验的旅程。通过比赛,学生可以接触到来自不同学校和地区的朋友和伙伴,了解他们的文化、生活习惯和思维方式。这种跨文化的交流有助于拓宽学生的视野,增长他们的见识,培养他们的开放心态和跨文化交流能力。校园足球竞赛体系不仅对学生的个人成长有积极影响,也对学校的文化和品牌建设起了推动作用。通过参与比赛和交流活动,学校可以展示自己的教育理念、教学特色和校园文化,从而提高学校的知名度和影响力。同时,这种交流和合作也有助于学校之间互相借鉴和学习,共同提升教育质量和水平。校园足球竞赛体系对学校之间的交流与合作起了积极的促进作用。它不仅加强了学校之间的了解和学习,增进了友谊和合作,还拓宽了学生的视野和见识,推动了学校文化和品牌建设。因此,应该进一步重视和完善校园足球竞赛体系,为学校之间的交流与合作搭建更加广阔的平台。

(三)推动校园足球的普及和发展

校园足球竞赛体系是推动校园足球普及和发展的重要手段,它在多个方面发挥了积极的作用。通过参与比赛,学生可以更加深入地了解足球运动,激发对足球的兴趣和热情,从而更加积极地参与到足球运动中来。同时,比赛也为学校提供了一个展示自己实力的平台,提高了学校的知名度和影响力。此外,通过比赛的推广和宣传,可以让更多的人了解足球运动,扩大足球运动的受众群体,为我国足球事业的发展做出贡献。

校园足球竞赛体系通过比赛的形式,让学生更加直观地了解足球运动,体验足球的魅力和乐趣。在比赛中,学生可以感受到足球带来的激情和成就感,从而激发对足球的兴趣和热情。同时,比赛也可以为学生提供展示自己才能的机会,让他们更加自信和积极地参与到足球运动中来。通过参与校园足球竞赛,学校可以展示自己的实力和特色,提高学校的知名度和影响力。在比赛中,学校可以与其他学校进行交流和合作,共同推动校园足球的发展。同时,比赛也可以为学校提供宣传和推广的机会,让更多的人了解学校的办学理念和教育特色。

在比赛中,学生可以结识来自不同学校和地区的朋友和伙伴,共同分享足球的快乐和激情。同时,比赛也可以为学校和社会提供宣传和推广的机会,让更多的人了解足球运动的价值和意义。校园足球竞赛体系是推动我国足球事业发展的重要手段之一。通过参与比赛和交流活动,学生可以提升自己的足球技能和竞技水平,为我国足球事业的发展提供人才储备。校园足球竞赛体系是推动校园足球普及和发展的重要手段之一。它通过激发学生对足球的兴趣和热情、提高学校的知名度和影响力、增加足球运动的受众群体以及为我国足球事业的发展做出贡献等多个方面发挥了积极的作用。因此,我们应该进一步重视和完善校园足球竞赛体系的建设和发展工作。

(四)为国家足球事业培养更多的后备人才

校园足球竞赛体系是培养国家足球事业后备人才的重要途径。通过参与比赛,学生可以展示自己的实力和潜力吸引更多的关注和选拔机会。同时,比赛也可以为学生提供更多的学习和培训机会,提高他们的专业素养和竞技水平。这些后备人才将成为国家足球事业的重要力量,为我国足球事业的可持续发展做出贡献。构建校园足球竞赛体系对于我国青少年足球人才的培养和青少年身心健康的发展具有重要意义。我们应该加强对校园足球竞赛体系的投入和支持,为学生提供更多的比赛机会和培训机会,促进学校之间的交流与合作,推动校园足球的普及和发展,为国家足球事业培养更多的后备人才。

二、构建校园足球竞赛体系的策略

(一)完善竞赛制度

要构建校园足球竞赛体系,首先要完善竞赛制度。各级教育部门和体育部门应共同制定校园足球竞赛的规章制度,明确比赛的参赛资格、比赛规则、奖励办法等,确保比赛活动的公平性和公正性。同时,要加强对比赛活动的监管和管理,确保比赛活动的顺利进行

(二)加强基础设施建设

良好的基础设施是校园足球竞赛体系的基础。各级政府和教育部门应加大对校园足球基础设施的投入,包括足球场地建设、设施更新、器材购置等。同时,要加强对基础设施的维护和管理,确保设施的质量和使用效果。

(三)培养专业师资力量

专业的师资力量是校园足球联赛体系的重要保障。各级教育部门和学校应加强对足球教师的培训和管理,提高他们的专业素养和教学能力。同时,要为足球教师提供更多的培训和发展机会,鼓励他们不断学习和创新。

(四)推广校园足球文化

推广校园足球文化是构建校园足球竞赛体系的重要环节。各级教育部门和学校应加强对校园足球的宣传和推广,提高学生对足球运动的认知度和兴趣。同时,要组织丰富多彩的足球活动,让学生在参与中感受足球运动的魅力。

三、构建校园足球竞赛体系的实施步骤

在构建校园足球竞赛体系之前,首先要明确目标和规划。学校应该根据

自身实际情况和需求,制定出符合自身发展的足球竞赛体系目标和规划。这些目标应该包括提高学生的足球技能水平、培养学生的团队合作精神和意志品质、增强学校的知名度和影响力等。同时,学校还应该制订出详细的实施计划和时间表,确保实施过程的顺利进行。

为了确保校园足球竞赛体系的顺利实施,学校需要建立相应的组织机构。这个机构应该包括校领导、体育教师、学生代表等各方面的人员,共同负责校园足球竞赛体系的规划和实施。同时,这个机构还应该制定出相应的规章制度和管理办法,确保各项工作的规范化和有序进行。在校园足球竞赛体系中,制定竞赛规程是非常重要的一步。竞赛规程应该包括比赛的名称、时间、地点、参赛队伍、比赛规则、奖励办法等内容。在制定规程时,学校应该充分考虑学生的实际情况和需求,确保规程的科学性和可操作性。同时,学校还应该根据实际情况对规程进行不断的修改和完善,确保其适应性和有效性。

在制定了竞赛规程之后,学校就可以开始组织比赛了。在比赛前,学校应该做好充分的准备工作,包括场地准备、器材准备、人员安排等。同时,学校还应该加强对比赛的宣传和推广工作,吸引更多的学生参与其中。在比赛中,学校应该确保比赛的公平公正和安全有序进行,为学生提供一个良好的比赛环境。在比赛结束后,学校应该及时进行总结与反思。总结比赛中的优点和不足之处,分析原因并提出改进措施。同时,学校还应该对比赛的组织和管理工作进行反思和评估,找出存在的问题和不足之处,提出改进意见和建议。通过总结与反思,可以不断提高校园足球竞赛体系的质量和水平。

构建校园足球竞赛体系是一个持续的过程,需要不断地改进和发展。学校应该根据实际情况和需求,不断调整和完善竞赛体系的目标和规划。同时,学校还应该加强对比赛的组织和管理工作的监督和评估工作,确保其规范化和有效性。此外,学校还应该加强对学生的培训和指导工作,提高学生的足球技能水平和综合素质能力。构建校园足球竞赛体系是一个复杂而重要的过程。学校应该根据实际情况和需求制定出科学合理的目标和规划并建立相应的组织机构,制定出科学合理的竞赛规程并组织好比赛,及时进行总结与反思并持续改进与发展,确保校园足球竞赛体系的顺利实施,为学生提供更多的比赛机会,提高学生的足球技能水平和综合素质能力,为我国足球事业的发展做出贡献。

第六章 校园足球文化体系建设

第一节 校园足球运动文化内容体系

一般来说,足球文化的构成要素比较复杂,呈现出多元化的发展趋势。从年龄因素来看,其参与者主要为在校学生,也有一些教师等人员,整个年龄结构跨度比较大,可以说群众基础比较浓厚。而从参与者的身份来看,教师、学生以及学校其他工作人员都可以看作校园足球运动的主要参与者,他们都在其中扮演着非常重要的角色。从校园足球的组织形式来看,学校足球文化主要包括教学、训练、比赛、组织管理、评价等内容。就其价值功能而言,学校足球文化既要求参与者必须具有健康的体魄,又要求参与者具有完善的人格和心理品质。

校园足球文化的整个体系是由多种因子共同构成的,正因为如此,校园足球运动文化的内涵才极为丰富。对于校园足球运动的研究者,以及足球运动爱好者来说,要深刻地把握校园足球文化的内涵,深入研究校园足球文化体系,才能促进校园足球运动的进一步发展

校园足球文化的内容体系主要由物质文化、精神文化、规范文化和行为文化四个方面构成。其中,物质文化是开展校园足球活动的必要前提和基础,而物质文化则主要包括足球器材、足球装备、足球设施等。精神文化是促进校园足球文化健康发展的重要动力,它能为校园足球文化的建设与发展提供充足的驱动力,精神文化主要包括足球指导思想、足球发展目标和足球运动理念等方面。规范文化能够为校园足球运动文化的可持续发展提供科学的模式和规则,它是校园足球运动文化健康发展的重要保障,其内容主要包括足球规章、制度、足球法律法规等。行为文化是指在校园足球活动过程中学生所表现出来的具体行为,主要包括学生的行为方式、价值观念以及行为环境等。在整个校园足球文化体系中,行为文化是校园足球文化构成因素中的核心因素。

一、物质文化

校园足球的物质文化是开展校园足球活动的重要物质基础和前提条件，其中足球器材、足球装备、足球场地、足球设施等都属于校园足球物质文化的范畴，它们是校园足球运动得以健康发展的基础和保证，没有这些物质文化，校园足球的教学、训练、竞赛等一些活动便无法进行。此外，足球师资力量也是校园足球文化的重要内容之一，一所学校的足球师资力量如何将直接决定着校园足球开展的质量，影响着校园足球运动的发展。所以，鉴于此，《中国青少年足球"十二五"发展草案（征求意见稿）》就对校园足球教师做出了非常明确的指示，规定各级教育部门应加强足球教师队伍结构的完善，加强专业足球教师的培养和培训，以为我国校园足球运动的发展提供充足的、高素质的足球人才。由此可见，促使校园足球师资力量得到增强已成为目前需解决的问题。

二、精神文化

校园足球运动不仅仅是一项体育活动，更是一种文化现象。精神文化作为校园足球文化体系中非常重要的组成部分，对于校园足球运动的发展起着至关重要的作用。因此，校园足球管理者应该将精神文化作为校园足球文化体系建设的重点，加强校园足球精神文化的建设。

精神文化是校园足球运动文化的重要组成部分，它包括参与者的足球意识和观念、价值观念、道德规范、审美情趣等。这些精神文化元素对于校园足球运动的发展起着至关重要的作用。通过加强精神文化建设，可以激发参与者的内在动力，增强他们的积极性和主动性，从而推动校园足球运动的健康发展。

校园足球活动的环境对于校园足球运动的发展也有着重要的影响。而精神文化作为影响环境的重要因素之一，对于校园足球活动的环境也有着深远的影响。通过加强精神文化建设，可以营造积极向上、健康和谐的校园足球活动环境，为校园足球运动的发展提供良好的条件。

校园足球运动品牌的建立和推广，不仅仅依赖于体育技能和竞技水平，更依赖于其背后的精神文化内涵。精神文化中的价值观、道德规范、审美情趣等元素，是校园足球运动品牌价值的本质体现。通过加强精神文化建设，可以提升校园足球运动的品牌价值和影响力，为校园足球运动的普及和发展打下坚实的基础。在日常教学和竞赛活动中,要加强精神文化的建设和推广,通过开展各种形式的活动和宣传,让参与者更加深入地了解和认识校园足球运动的精神文化内涵。同时,要加强对学生思想道德教育的引导,培养他们的责任感、使命感和荣誉感,让他们成为推动校园足球运动发展的重要力量。精神文化在校园足球运动发展中起着至关重要的作用。为了推动校园足球运动的健康发展,我们需要在日常教学和竞赛活动中加强精神文化的建设和推广,让学生深入了解和认识校园足球运动的精神文化内涵。只有这样,我们才能让校园足球运动真正成为一种文化现象,为我国体育事业的发展做出更大的贡献。

三、规范文化

规范文化是校园足球运动发展的重要保障,它主要由运行模式和规则体系两个部分组成,其内容主要包括足球规章制度、法律法规和基本的运行模式等。校园足球规则的制定主要依据的是教育部高教司和国家体育总局下发的指导文件,以及国家领导人做出的重要指示。在这些重要指示和纲领性文件的指导下,学校相关部门要结合本校的具体实际,制定出与校园足球发展相关的足球条例、规章制度、法律法规等。当前,我国校园足球运动模式主要包括开展高校足球活动的组织模式与管理模式两种

目前,关于我国学校足球管理模式研究的重点是通过将体育与教育整合为一体,采用体教结合的方式,探索出一条促进我国校园足球运动高效发展的管理模式。校园足球运动文化体系中包含的内容非常广泛,主要有运动训练、比赛、培训、相关竞赛活动、足球游戏以及商业表演等,而随着校园足球文化体系的日益完善,必将有更多的元素加入其中,成为校园足球规范文化的重要内容。

由此可见,合理规划校园足球运动文化体系,并制定出切实可行的规章制度和发展政策,构建校园足球运动文化发展的管理模式和执行模式,对我国校园足球运动文化建设而言具有十分重要的意义。

四、行为文化

在校园足球中,学生是校园足球文化形成与发展的重要缔造者和主要力量。行为文化是校园足球文化的重要核心要素,它与学生之间的联系非常密切。其中,校园足球的价值观念主要是指学生对于校园足球的理性认识和形

成的意识形态,以及在足球活动或竞赛中所表现出来的精神面貌。

行为方式是指学生在一定价值观念的指引下,在足球活动或比赛中所表现出来的作风;而行为环境则主要是指校园中所营造出来的足球氛围以及高校所在城市的足球氛围,这主要包括与足球相关的发展历史以及自然环境、足球底蕴和社会环境等条件。校园足球文化中行为文化的建设应将培养学生的价值观念作为重点,培训内容主要包括精神面貌、校园足球的基本理念和目标。一般来说,学生的价值观念在很大程度上决定着其足球行为的整体意识形态。虽然说学生参与足球运动最基本的动机是足球目标,但学生之间存在着一定的个体差异,其世界观和价值观也不尽相同,这就导致了学生的足球目标也有所不同。学生参与校园足球运动的目标主要有扩大交际、健身娱乐、职业需求、兴趣爱好、自我发展等。从时间维度来划分,可将这些目标划分为短期目标和长期目标;而就稳定性来看,可将这些目标分为暂时性目标和坚定目标。校园足球文化若要得到可持续发展,就必须有一个长期稳定的足球目标。所谓足球理念是指对于足球运动的基本特征和规律,学生有自己的理解、解读和重构,进而对校园足球形成一个更为全新的认识,这些认识包括对校园足球技战术的认识,对校园足球身体和心理训练方法的认识,对校园足球未来发展走向的认识以及对校园足球中自我定位的认识等。所谓精神面貌是指在校园足球活动中学生所表现出来的状态和品质。根据行为方式的影响效果来看,精神面貌的特点是短暂、不稳定的,而学生对于足球的行为方式受到足球理念和足球目标的长期、稳定的影响。行为方式是指在校园足球活动中学生的实际表现,它又可分为两种,即个体行为方式和群体行为方式。这两种行为方式的区别在于,群体行为方式是一种共性行动表现,它受到校园足球活动的规则、制度、礼仪以及相关规章、制度和法律等的统一要求;个人行为方式是指在个体价值观念的指引和影响下,其在校园足球活动中所表现出来的各种不同的行为活动。高校足球文化的建设与发展既要遵守与此相关的各种规章制度,又要对学生的个体差异予以充分的保护和发展。行为环境能够对学生的足球行为方式和足球价值取向产生非常深远的影响。俗话说得好,"久居芝兰之室不闻其香,久居鲍鱼之肆不闻其臭",在校园足球文化建设的过程中,学校及其所在城市的足球文化氛围等都将对其产生极为重要的影响。

第二节　青少年校园足球活动的组织与开展

校园足球运动文化的建设与发展离不开各类足球活动的举办,因此采取多种手段与措施加强青少年校园足球运动的组织与开展具有十分重要的作用。

一、校园足球训练活动的组织与管理

(一)校园足球训练活动的组织

校园足球训练活动的组织是推动校园足球运动发展的重要环节。制订明确的训练计划是组织校园足球训练活动的基础。教练员需要根据青少年的身心特点、学校足球目标以及比赛要求等因素,制订科学合理的训练计划。训练计划应该包括训练目标、训练内容、训练时间、训练方法等,确保训练活动的有序进行。

合理安排训练时间和内容是确保训练质量的关键。教练员需要根据青少年的实际情况和需要,合理安排训练时间和内容。例如,可以根据青少年的学习时间和身体状况,安排适当的训练时间和强度,避免过度疲劳和重复训练。同时,教练员还需要根据比赛要求和学校足球目标,选择合适的训练内容和策略,增强训练的针对性和实效性。

每个青少年足球运动员的竞技能力和发展潜力都是不同的,因此教练员需要注重个体差异和个性化训练。根据每个运动员的特点和需要,制订个性化的训练计划和方案,确保每个运动员都能够得到适合自己的训练。同时,教练员还需要关注每个运动员的成长过程和进步情况,及时调整训练计划和策略,确保训练的科学性和有效性。

良好的训练氛围是增强训练效果的重要因素之一。教练员需要营造积极向上、团结协作的训练氛围,激发运动员的训练热情和动力。同时,教练员还需要关注运动员的心理状态和情绪变化,及时给予关心和支持,帮助他们克服困难和挑战。此外,教练员还需要与运动员建立良好的沟通和互动关系,了解他们的需求和意见,不断改进和完善训练计划和方法。

定期评估和调整训练计划是确保训练质量的重要环节。教练员需要定期对训练计划和效果进行评估和分析,了解运动员的进步情况和存在的问题。根据评估结果,及时调整训练计划和策略,确保训练的科学性和有效性。同时,教练员还需要关注比赛要求和学校足球目标的变化情况,及时调整训练内容和目标,确保训练与比赛和学校发展的紧密结合。

教练员的专业素养和能力是提高校园足球训练质量的关键因素之一。学校需要加强教练员的专业素养和能力提升工作,为他们提供必要的培训和支持。通过培训和学习,教练员可以不断更新自己的知识和技能,提高自己的专业素养和能力水平。同时,学校还可以鼓励教练员参加各种比赛和交流活动,拓宽视野和思路,提高自己的实践能力和经验水平。

校园足球训练活动的组织需要从多个方面进行考虑和安排。通过制订明确的训练计划、合理安排训练时间和内容、注重个体差异和个性化训练、营造良好的训练氛围、定期评估和调整训练计划以及加强教练员的专业素养和能力提升等工作措施的实施,可以确保校园足球训练活动的有效性和质量水平不断提高。

(二) 确定训练目标

校园足球训练的目标是指青少年运动员在足球训练中,其技战术、体能、心理和球队作风等方面所要达到的水平。在一堂足球训练课中,教练员必须把训练目标描述清楚,并向青少年运动员做出相应的解释,如应训练哪些内容,应达到什么训练水平,青少年运动员所存在的问题等。训练目标的确定能够为教练员和青少年运动员的训练指明方向。

1. 明确长期与短期目标

在制定训练目标时,教练员首先需要明确长期和短期的训练目标。长期目标通常是一个赛季或几年的发展规划,包括球队的整体竞技水平提升、球员个人技能的提高、战术打法的形成等。而短期目标则是每次训练课或短期内需要达到的效果,如某项技术的掌握、某种战术的理解等。

2. 结合实际情况

训练目标的制定必须紧密结合球队和球员的实际情况。教练员需要对球队的整体实力、球员的个人能力、球队的战术风格等有深入的了解,才能制定出切实可行的训练目标。过高或过低的目标都有可能影响球员的训练积极性和效果。

3. 考虑个体差异

每个球员的身体素质、技术水平、心理素质等都存在差异,因此在制定训练目标时,教练员还需要考虑个体差异。针对每个球员的特点和需求,制定个性化的训练目标,可以确保每个球员都能在训练中得到成长和提高。

4. 与学校足球目标相协调

学校的足球目标通常是球队参加比赛的成绩要求、培养优秀足球人才等。教练员在制定训练目标时,需要与学校的足球目标相协调,确保训练目标与学校的发展方向相一致。这样不仅可以得到学校的支持和资源保障,还能激发球员的训练动力。

5. 及时调整与更新

随着赛季的进行和球员的成长,训练目标也需要不断地进行调整和更新。教练员需要密切关注球员的训练表现和比赛成绩,根据实际情况及时调整训练目标,确保目标的合理性和实效性。同时,教练员还需要根据足球运动的发展趋势和比赛规则的变化,不断更新训练目标,确保球队始终保持竞争力。

6. 制定实现目标的策略和措施

在明确训练目标后,教练员还需要制定相应的策略和措施来实现这些目标。这包括选择合适的训练方法、安排适当的训练时间和强度、提供必要的资源和支持等。通过制定具体的实现策略和措施,可以确保训练目标的顺利实现。

确定训练目标是组织校园足球训练活动的关键步骤之一。通过明确长期与短期目标、结合实际情况、考虑个体差异、与学校足球目标相协调以及及时调整与更新等方法,可以确保训练目标的科学性和有效性,为校园足球运动的发展提供有力的支持。

(三)选择合理的训练方法

校园足球运动技能的训练是一个循序渐进的过程,这一点对于教练员和校园足球运动员来说都是至关重要的。在训练中,每一个阶段的难度都要逐步加大,这样才能使校园足球运动员由浅入深地学会各种技能。

对于刚刚参加足球训练的队员来说,他们可能只是对足球有一些基本的了解,缺乏系统的训练和技能。因此,教练员在制订训练计划时,应该从基础开始,逐步加大难度。例如,可以从基本的传球、射门、控球等技能开始,逐渐加大难度,提高队员的技术水平和竞技能力。

而对于已经具备一定训练基础的队员来说,他们的起始状态水平已经有所提高。因此,教练员在制订训练计划时,应该根据具体情况来对训练目标进行适当的调整。例如,对于已经掌握基本技能的队员,可以增加战术训练、比赛模拟等更大难度的训练内容,以使队员向着更高阶段发展。

注重基础技能的训练。无论队员的起始状态水平如何,都应该注重基础技能的训练。只有掌握了扎实的基础技能,才能更好地掌握更大难度的技能。逐步加大难度。在训练过程中,教练员应该逐步加大难度,让队员在逐渐增大难度的过程中掌握技能。如果一开始就给予过大的难度,可能会使队员产生挫败感,影响训练效果。每个队员的身体素质、技术水平、心理素质等都存在差异,因此在训练过程中,教练员应该注重个体差异,根据每个队员的特点和需求制订个性化的训练计划。

在训练过程中,教练员需要密切关注队员的训练表现和比赛成绩,根据实际情况及时调整训练计划,确保训练的科学性和有效性。校园足球运动技能的训练是一个循序渐进的过程。教练员需要根据具体情况来制订个性化的训练计划,逐步提高难度,使校园足球运动员由浅入深地学会各种技能。同时,教练员还需要注重基础技能的训练、个体差异的考虑以及及时调整训练计划等方面的工作,以确保训练的科学性和有效性。

在校园足球训练中,教练员在确定具体的训练内容后,接下来就是为实现训练目标而选择合适的训练方法。对于刚刚从事足球训练工作的教练员来说,选择训练方法存在一定的难度,特别是对于一个需要耗费较长时间才能获得训练效果的年龄组,教练员常常出现的问题就是训练方法过于简单。设计训练的目的就是校园足球运动员能够获得比赛中所使用的技巧。在训练的过程中,教练员必须明确训练目标,若训练的目标是提高队员的传球能力,就应该安排队员进行充分的练习,并达到训练效果。例如,通过将传球队员与防守队员进行角色互换,就可以使每一个队员都能得到训练。为了更好地达到训练目标,教练员就应该在训练的过程中提出具体的要求,如规定传球成功的次数等。

(四)选择搭档与比赛分组

影响队员选择训练搭档的因素有很多,教练员所需要考虑的因素主要有训练目的、技能水平和发展潜力。一些教练员往往倾向于自己来分配合作伙伴,其目的在于避免队员根据自己的喜好来选择。一般来说,感情较好的队员分在一组更有利于达到理想的训练效果,除了教练员有特殊的训练目的,应让队员去选择自己的合作伙伴。如果在分组中有矛盾的搭配存在,教练员就必须拆散进行重新组合,否则可能会对训练效果产生不良影响。

通常,在比赛前教练员会允许队员自动选组,但这种方法是不正确的。因为队员的自由选择往往会对能力最弱队员的情感造成伤害。教练员可以采用以下分组方法来进行训练分组。如采用1、2、1、2的方式进行报数,然后将报1的队员放在一组,报2的队员放在一组;也可以将标志服随机分发给队员,随机进行分配。

在挑选搭档和分组的过程中,教练员要善于观察队员,并提高队员随机应变的能力。一旦队伍确定后,就要考虑选拔一个能对全队负责的队长,并让队长在队里树立威信,负责确定队伍的组成、协调等。通常,可以尝试让每一名队员都有做队长的机会,但对于队长的确定需要考虑该名队员的平时表现以及上一场比赛的表现。在训练的整个过程中,要重点关注核心队员的发挥。

(五)评估训练效果

在校园足球训练的过程中,教练员要评估整个训练计划。其评估的指标主要有:队员掌握足球技战术能力的情况;训练是否达到预期;运动员的训练兴趣和积极性如何等。在每个阶段的训练完成后,教练员都要考核与评估训练效果,并找出其中的不足,积累经验和教训。这些都需要教练员详细地计划和记录每次训练,这样才能更为客观地分析训练的得失。实际上,在我国青少年足球运动训练中,足球教练员经常将训练计划放于头脑中,没有做好记录的习惯,这样的训练方式很不科学。在校园足球训练中,足球技术训练往往需要经过长期的训练,通过一节训练课很难得到明显的改善。但在一堂训练课中,教练员可以对本次训练课的训练内容、训练负荷等进行有效的评估,如此才能提高训练水平。

(六)校园足球训练活动的管理

1.足球运动训练管理原理

足球运动训练管理是一项非常重要的工作,这是训练活动顺利进行的保证。

（1）人本原理。

在任何一个管理系统中，人都是活动的主体，要想保证活动的顺利进行，就要充分调动人的积极能动性。大量的实践证明，若人的积极性和能动性得到了良好的发挥，那么就比较容易取得理想的组织管理效益，在足球训练活动管理中同样如此。因此，在整个足球训练活动管理过程中，要努力创造一个良好的训练环境，充分发挥人的各方面能力，实现人本管理的目标。在足球训练活动中，运用人本管理应遵循以下基本原则。

①行为原则：通常来说，人的行为是受人的动机支配的，而人的动机则是由人的需要决定的。在足球训练活动中，要贯彻行为原则，就必须充分了解人的各种心理反应，充分激发人的动机，以产生积极的训练行为。

②能级对应原则：在足球训练活动管理中，机构、法律和人都有一个能量问题，能量大小就可以分级，高能级办高能级的事，低能级办低能级的事，做到能级对应，这就是能级对应原则。贯彻能级对应原则，要根据人的能力水平安排相应的工作，这样才能提高工作效率，实现既定的训练目标。

③动力原则：贯彻动力原则，要十分注意物质动力、精神动力和信息动力三个方面。这三种动力各有特点，要结合起来运用，以获得最佳的效果。物质动力是以适量的物质刺激来调动人的积极性，使用物质动力时，应与其他动力结合起来。精神动力是指用精神的力量来激发人的积极能动性。在现实生活中，一个人的精神状态如何，对其行为表现有着重大的影响。精神动力主要包括理想、宗教信仰、集体主义精神等方面。信息动力则是指通过信息的交流而产生的动力。信息动力主要包括知识性动力、激发性动力和反馈性动力等方面。不论是哪种动力，都需要结合具体实际运用，其目的都是获得理想的训练效果。

（2）系统原理。

整分合原则：要增强足球训练活动管理的功效，首先就要树立一个整体的观点，扩大整体效应，实现整体目标。其次，要合理利用分解功能，保证分解正确，分工合理。这样才能抓住关键获得成功。再次，分工与协作密切结合，各环节要同步协调进行有计划、有步骤地开展工作，这样才能提高工效。最后，明确分解的对象。要明白分解是围绕目标对管理工作进行的分解，而不是对管理功能的分解。将某一项工作分解开，然后逐步进行以获得理想的工作效益。

相对封闭原则：任何一个系统内的管理手段必须形成一个由连续的相对封闭的回路构成的完整的管理系统，进而形成有效的管理运动，这就是相对封闭原则。不封闭的管理，即使某个环节管理得再好，也不能形成管理系统内的正常运转，无法获得系统整体的效应。

(3)动态原理。

动态原理是指在管理活动中，注意把握管理对象的变化情况，不断调节各个环节，以实现整体目标。人、财、物、时间、信息等管理对象是处于不断变化与发展之中的，因此组织活动的各个环节也必须随着管理对象的变化而发生一定的变化，动态地适应管理对象的变化，这样才能保证管理目标的实现。在校园足球训练管理中，合理利用动态原理要注意以下两点。

首先，运用反馈有效抑制整个管理过程。可以说只有通过不断的反馈，才能尽早地实现管理的目标。通常情况下，应用反馈方法会产生两种不同的效果：一是使系统的输入对输出的影响增大，造成系统偏离目标的运动加剧，导致系统振荡的反馈，我们称为正反馈；另一种是系统的输入对输出的影响减少，使系统偏离目标的运动收敛，导致系统趋于稳定状态的反馈，我们称为负反馈。从运动训练管理实践来看，运用较多的是负反馈。反馈与控制是密不可分的，反馈是控制的前提，控制是实现管理目标的有效手段。反馈与控制，又都离不开信息。控制的基础是信息，一切信息的传递都是为了控制。运用反馈来达到有效的控制，关键在于反馈要正确和有力。

其次，在管理过程中要保持一定的弹性。在足球训练活动管理中，受各种因素的影响，管理活动会存在一定的不稳定性，因此必须保持一定的弹性，以适应客观条件的变化，这就是弹性原则的运用。在管理中如果弹性较大，其适应能力就较强，就可能较快地适应环境，但相应地其原则性就较差；如果弹性较小，其原则性就较强，但适应能力相对较弱。因此，弹性的大小主要根据不同的管理层次要求、不同的管理对象和不同的管理目标而定，没有一个绝对的标准。在管理工作中，既要注意局部弹性，又要注意整体弹性，要根据具体的实际进行及时、合理的调整。

(4)效益原理。

效益原理是指管理活动中的各个环节、各项工作都要紧紧围绕提高社会经济效益这个中心进行，科学合理地利用好各种资源，以获得最大的社会经济效益。在校园足球训练活动管理中,这一原理贯穿于管理活动的始终。要积极评价管理效益,可以由不同的主体从不同的角度去进行评价,没有一个绝对的标准。不同的评价标准和方法,得出的结论也会不同,甚至相反。有效的管理首先要求对效益的评价尽可能公正和客观,因为评价的结果直接影响组织对效益的追求。一般来说,首长评价有一定的权威性,全局性掌握得较好,其结果对组织的影响也较大,但可能不够细致和具体;群众评价一般比较公正,但可能要花费较多的时间和费用,才能获得结果;专家评价一般比较细致,技术性较强,但可能只注重直接效益而忽视间接效益。由此可见,不同的评价方式都有其优点和缺点,要取长补短,综合利用。

(5)责任原理。

责任原理在校园足球训练活动管理中有着重要的应用。为了实现组织目标、挖掘人的潜能,管理者需要明确规定各个部门及个人的工作责任和义务。在校园足球训练活动中,责任原理要求管理者应做到以下几点:

管理者应根据训练活动的特点和需求,对各个部门和个人的职责进行合理分工。每个部门和个人都应该明确自己的职责范围和工作任务,避免出现职责不清、任务重叠或遗漏的情况。管理者应明确每个部门和个人的责任和义务,包括训练计划制订、训练实施、训练效果评估等各个环节的责任。每个部门和个人都应该对自己的工作负责,并承担相应的责任。管理者应建立奖惩制度,对表现优秀的部门和个人给予奖励,对表现不佳的部门和个人进行惩罚。奖惩制度可以激励部门和个人积极履行职责,提高训练活动的效率和质量。

管理者应加强对训练活动的监督检查,确保各个部门和个人按照规定的要求和标准开展工作。同时,也要及时发现问题和不足,提出改进意见和建议,促进训练活动的不断改进和提高。管理者应建立有效的反馈机制,及时了解训练活动的进展情况和存在的问题,及时调整训练计划和策略,确保训练活动的顺利进行。责任原则是校园足球训练活动管理中的重要原则之一。管理者应明确规定各个部门及个人的工作责任和义务,建立奖惩制度、监督检查和反馈调整机制,确保训练活动的顺利进行,增强训练效果。

责任原理是指为了实现组织目标、挖掘人的潜能,应在合理分工的基础上明确规定各个部门及个人的工作责任和义务。在校园足球训练活动管理中,责任原理要求管理者应做到以下几点。

①要明确每个部门和每个人的具体职责:分工是确定职责的基础,分工明确,职责划分才能明确。如运动训练管理,它是一项系统工程,任务重,头绪多,工作杂,必须明确分工。没有分工,就无法开展各项工作;分工不明,工作也会出现混乱。但是,分工不等于职责。分工只是对工作范围做了形式上的划分,分工对于工作的数量、质量、完成的时间、效益等要求,还不能完全地体现出来。职责是在分工的基础上,在数量、质量、效益等方面都有严格的规范和要求。

②职位设计和权限委授要合理:个体的完全负责取决于权限、利益、能力等因素。明确了职责,就要授予相应的权力,即一定的人权、物权、财权,否则难以完成已承担的职责。

③奖惩要分明:在校园足球训练活动管理过程中,要实现奖优惩劣的手段,引导每个人的行为朝着积极的方向发展;同时,要做到奖惩公开、公正、及时,否则奖惩就失去了其本身的作用和意义。建立一套完善的责任制进行规范管理。建立相应的岗位责任制、考绩制、奖惩制,组成一个科学、合理的管理制度体系,以保证责任原理能够得到有效的利用。

(6)竞争原理。

大量的实践和事实表明,竞争在许多方面都具有积极的影响。它不仅可以激发人们的工作热情和进取精神,还可以充分挖掘人的潜能,帮助人们克服各种困难和挫折。此外,竞争还可以促进内部团结,增强团队的凝聚力。因此,在校园足球训练活动中,利用好竞争原理具有十分重要的意义。首先,竞争可以激发人们的工作热情和进取精神。在校园足球训练活动中,教练员可以通过设置合理的目标、制订科学的训练计划和安排具有挑战性的比赛等方式,激发队员的竞争意识和进取精神。当队员们意识到只有通过努力训练和比赛才能取得更好的成绩时,他们就会更加专注于训练,更加努力地提高自己的技能和水平。其次,竞争可以充分挖掘人的潜能。在校园足球训练活动中,队员们可以通过参加各种比赛和挑战自己的极限来挖掘自己的潜能。例如,在一场比赛中,如果一个队员发现自己的射门技术不够出色,他就会在接下来的训练中更加努力地练习射门技术,从而不断提高自己的技能水平。此外,竞争还可以帮助人们克服各种困难和挫折。在校园足球训练活动中,队员们可能会遇到各种困难和挫折,如技术瓶颈、心理压力等。但是,当他们面对竞争时,他们就会更加努力地克服这些困难和挫折,从而不断提高自己的能力和水平。最后,竞争还可以促进内部团结,增强团队的凝聚力。在校园足球训练活动中,队员们可以通过参加各种比赛和共同面对挑战来增强彼此之间的信任和合作。当意识到只有通过团结合作才能取得更好的成绩时,他们就会更加注重团队合作和个人配合,从而形成一个更加紧密、更加有凝聚力的团队。利用好竞争原理对于校园足球训练活动具有十分重要的意义。同时,竞争还可以帮助人们克服各种困难和挫折。最终,通过促进内部团结和增强团队的凝聚力来提高整个团队的能力和水平。

2. 运动训练管理的方法

校园足球运动训练管理的基本方法主要包括行政方法、法律方法、经济方法、宣传教育方法等。科学的管理需要有力的、规范的行政方法和法律方法来支撑,需要灵活、合理的经济方法及思想教育方法来维持。

(1)行政方法。

校园足球运动训练管理的行政方法具体是指依靠各级运动训练管理机构和领导者的权力,运用行政手段,按照行政系统规范进行管理活动的方法。它由行政管理系统采用命令、指示、规定、指令性计划和职责条例等行政手段对其各子系统进行调节与控制。它是由上级发布命令,下级则要服从上级,上下级之间的关系非常清晰。这就要求在运用行政方法上,上级对下级所下达的命令、指令或指令性计划等,一定要符合本部门的实际和管理活动的规律,更要求上级领导者,除了要有责有权,还必须具有较好的领导素质,这样才能提高管理功效,促进管理目标的实现。

在校园足球运动训练管理过程中,行政方法的运用表现出以下四个特点。

①权威性:一般情况下,行政方法是否有效,所发出指令的接受率以及上下级之间的沟通,在很大程度上取决于管理者的权威。因此,不断地完善和健全各级运动训练的管理机构,强化职、资、权的有机统一,努力提高各级管理组织和管理者的权威性,是有效运用行政方法的基本条件

②强制性:行政方法是通过各种行政指令来对管理对象进行指挥和控制。这些指令是上级组织行使权力的标志,下级必须贯彻执行。因而行政方法就必然具有鲜明的强制性。这种强制性是指"非执行不可"的意思,要求训练活动参与人员必须执行运动训练管理制度和要求。

③纵向性:行政方法是通过行政系统对系统进行管理的。行政命令通常是通过垂直纵向逐层传达执行。而且,下级只服从顶头上司,下一层次只听上

一层次的指挥,对横向传来的命令、规定等,基本上可以不予理会。所以,在运用行政方法时,上级对下级的指挥和控制,一般强调纵向地自上而下,反对通过横向传达命令。然而,在校园足球运动训练管理中,往往会出现一些横向传达指令的情况,从而使行政指令失灵或无效。为此,就需要通过各方面的协调来获得应有的训练效果。

④针对性:从行政命令发布的对象到命令的内容都是具体的。行政方法在实施的具体方式、方法上是因对象、目的和时间变化而变化的。因此,它往往只对某一特定时间和对象有用。这就告诉我们,在运用行政方法进行管理活动时,既不能把它看成唯一的方法,也不能不顾对象、目的、时间而滥用。

(2)经济方法。

经济方法是指按照客观经济规律的要求,运用经济手段,调节各种不同经济主体利益之间的关系,以实现管理目标的方法。一般情况下,经济手段主要包括工资、奖金、罚款等手段。在校园足球训练活动管理中,经济手段的利用能在一定程度上保证训练活动的有序进行。

①有利于强化管理职能,既强化了上级训练管理机构对下级机构和被管理者的指挥、控制等职能,又促使下级机关和被管理者对上级部门指令和管理决策接受率的明显提升。

②有利于适当分权,经济方法的经济制约作用能给基层单位以相应的经济自主权创造条件。例如,实行费用定额管理、经费包干管理,既有利于分析和比较培养运动员的费用消耗和其他各种训练费用消耗的实际情况,又有利于充分发挥下级训练部门的自主权,把管理搞活,使管理的逆向作用得以较好地发挥。

③有利于客观地检查评价管理效果,运用经济方法可充分调动下级训练部门和被管理者的积极性,具有明显的激励效能

(3)宣传教育方法。

宣传教育方法是指通过宣传和教育等方式,使人们围绕着共同目标而采取行动的方法。宣传教育方法是以人们对思想活动的发展规律的正确认识为客观依据的。在运动训练管理系统中,各项工作的进行都离不开采用灌输、疏导和对比等教育工作方法,激发行政管理人员、教练员、运动员的工作和训练热情,以促进管理目标的实现。与其他管理方法相比较,宣传教育方法具有以下特点。

①先行性:宣传教育方法可以做到教育在先、训练在后,通过宣传教育一方面可以使被管理者对其有充分的了解,同时思考自己如何配合行动;另一方面,在管理过程中实施各项决策之前,通过宣传和教育,还可事先预测人们可能产生的各种反应,制定相应的宣传教育措施予以预防,从而强化积极影响,同时抑制消极影响。

②滞后性:滞后性特点在思想教育中表现得尤为突出。人们的认识和思想是对客观事物的反映,所以大量的思想教育工作是在事情发生之后或有些苗头的时候开展的。滞后性特点要求管理者对已经发生的问题实事求是地、科学地、正确地进行分析,以理服人,这样才能使思想教育真正落到实处,从根本上激发管理者进行管理和运动员进行训练的动机。

③疏导性:开展宣传教育,要动之以情、晓之以理,启发人们的自觉性。对思想问题采取回避或围堵的方式是不能奏效的,甚至会激化矛盾。只有因势利导,才能达到教育的实效。

④灵活性:人的思想受多种因素的影响,复杂多变,因而具体的思想引导方法也不同,不同的时期和不同的管理对象的思想基础、性格类型、价值观念和需求等也不同,因此宣传教育工作必须根据不同的时期和不同的管理对象,确定宣传教育的内容和重点、形式和手段,保持针对性、具有灵活性。

除此之外,宣传教育方法还具有表率性、真理性等特点。在校园足球训练活动管理中,只有正确地运用思想教育方法,才能有效解决训练过程中出现的各种问题,作为一名训练活动管理者,要将思想教育法贯穿于运动训练的全过程,保证训练活动的顺利进行。

3. 运动训练管理评估

(1)评估程序。

在校园足球训练活动中,运动训练管理评估程序主要包括组织准备、监测实施和总结三个阶段,每一个阶段都非常重要,作为一名管理者要引起高度重视。

①第一阶段:组织准备。

组织准备阶段的主要任务包括:明确组织检查与评估部门和被检查与评估范围;确定检查与评估的目的;选择检查与评估的方法;制定检查与评估指标体系;安排检查与评估进度;组织递选检查及评估成员;准备检查与评价道具。本阶段主要是进行检查与评估前的各项准备工作,包括思想、资料和组织等方面的准备。通过这些准备工作的学习和动员,端正检查与评估的思想观念和态度,明确检查和评估指标体系和要求,为检查和评估准备各类实际材料,为检查和评估工作的开展提供全面、客观的备查材料。

②第二阶段:检查实施。

检查实施阶段的主要任务包括:全面搜集检查与评估的准确信息;处理检查与评价的信息;做出检查与评价结论。本阶段是整个检查和评估工作的中心环节,是决定评估成败的关键阶段。

③第三阶段:总结。

总结阶段的主要任务包括:对检查与评估结果做出客观的分析,对取得的成绩予以肯定和鼓励。同时,要找出存在的问题,帮助指导被评估的高校做出相应的调整决定;检查和评估结果应用定性语言描述和定量分析相结合;向被检查和评价对象反馈检查与评估结果和原因分析,并向有关部门做出检查与评估报告。

(2)评估要求。

①评估前做好充分的准备。

对于校园足球运动训练管理检查和评估的工作,领导应该予以重视。可以从两个方面进行落实。一方面,为了使全体教练员和运动员明确检查和评估的重要意义,可以通过组织各种形式的动员和学习。另一方面,建立一支相关人员组成的自我检查和评估的队伍,将上级主管部门下发的有关文件和相关评估方案作为依据,与本校的具体情况相结合,接受检查并且客观、求实地进行自我评价。

②提高检查和评估的可信度。

检查和评估方案的科学性直接影响评估的可信度。为了提高检查和评估的可信度,可以从以下两点着手。第一,对于制定出来的评估方案,一定要组织有关专家认真仔细研究,严格遵守科学性、准确性和客观性的要求。第二,在正式评估前一定要组织评估成员和被评学校有关人员进行专门的培训。

③建立健全检查和评估的制度。

在足球运动训练管理中,训练评估必须长期坚持并落到实处,这就要求必须建立和形成一定的制度。对运动训练管理的检查和评估的方案和方法,只有在长期坚持的条件下,才能得到不断的完善和改进,从而达到提高检查和评估质量的目的。一方面,能深入总结开展各项体育工作的成功经验,加强体育系统的自身建设;另一方面,能及时发现运动训练管理工作中的不足,及时纠正,保证训练活动的顺利进行。

④重视检查和评估的信息反馈。

在足球运动训练管理中,评估是一种提高训练效果和水平的重要手段,因此,应高度重视评估信息的反馈。足球运动训练管理的检查与评估的过程就是一个对信息的收集、加工、反馈的过程。各类材料和数据在检查与评估的结果中能得到最佳的综合反映,这些在主管部门和领导做出科学决策时,可以作为其决策的可靠依据。因此,在对足球运动训练管理进行检查和评估的过程中,为了提高整体管理的效益,评估人员应根据信息的反馈,及时有效地处理训练活动管理中存在的各种问题。

二、校园足球竞赛的组织与管理

校园足球竞赛是校园足球发展的重要组成部分,对于提高学生的足球技能、增强身体素质、培养团队合作精神和竞技精神具有重要意义。因此,组织和管理好校园足球竞赛是校园足球工作的重要任务之一。

(一)校园足球竞赛的组织

在组织校园足球竞赛之前,需要制订详细的竞赛计划。计划应该包括竞赛的名称、时间、地点、参赛队伍、竞赛规则、奖励办法等内容。同时,还需要根据学校的实际情况和学生的需求,合理安排竞赛的场次和时间,确保比赛的顺利进行。

参赛队伍是竞赛的基础,因此需要认真确定参赛队伍。可以根据学生的兴趣爱好和技能水平,组织不同年级、不同班级的足球队参加比赛。同时,还可以邀请其他学校或地区的足球队来参加比赛,增强比赛的激烈程度和观赏性。

竞赛规则是保证比赛公平、公正的重要保障。在制定竞赛规则时,需要充分考虑学生的实际情况和比赛的特点,确保规则的科学性和可操作性。同时,还需要对规则进行详细的解释和说明,让参赛队员和裁判员都能够理解和遵守。

比赛场地和器材是保证比赛顺利进行的重要条件。在比赛前,需要认真检查场地和器材是否符合比赛要求,确保比赛的安全和顺利进行。同时,还需要根据比赛的实际情况,合理安排场地和器材的使用,确保比赛的顺利进行。

(二)校园足球竞赛的管理

为了确保校园足球竞赛的顺利进行,需要建立专门的管理机构。管理机构应该由学校领导、体育教师、学生代表等人员组成,负责制订竞赛计划、组织比赛、管理比赛场地和器材等工作。同时,还需要制定完善的管理制度和规范,确保管理工作的科学性和规范性。

在校园足球竞赛中,安全管理是非常重要的。需要加强比赛场地的安全检查和管理,确保比赛的安全和顺利进行。同时,还需要加强参赛队员的安全教育和管理,防止意外事故的发生。

裁判工作是保证比赛公正、公平的重要保障。需要加强对裁判员的管理和培训,提高裁判员的业务水平和职业道德水平。同时,还需要加强对比赛的监督和管理,确保比赛的公正性和公平性。为了提高校园足球竞赛的影响力和参与度,需要加强宣传和推广工作。可以通过校园广播、宣传栏、网络等渠道宣传比赛的信息和动态,吸引更多的学生关注和参与比赛。同时,还可以通过组织观摩团、邀请媒体报道等方式扩大比赛的影响力,提高校园足球竞赛的知名度和美誉度。组织和管理好校园足球竞赛是校园足球工作的重要任务之一。需要制订详细的竞赛计划、确定参赛队伍、制定竞赛规则、安排比赛场地和器材等工作;同时,还需要加强安全管理、做好裁判工作、加强宣传和推广等工作。只有这样才能够保证比赛的顺利进行和提高比赛的质量和水平。

第三节　促进青少年校园足球运动文化发展的对策

要促进青少年校园足球运动文化的建设与发展,相关部门及领导就要依据我国有关校园足球的政策法规并结合学校的具体实际,制定一系列切实可行的、具有针对性的对策,以推动校园足球健康发展。

一、提高对足球文化的认识

要更好地促进我国青少年校园足球运动文化的建设与发展,首先需要学校相关部门及领导提高对校园足球运动文化的认识程度。因为校园足球运动的发展离不开学校相关部门及领导的大力支持,只有他们充分认识到足球运动文化的重要性,才能为校园足球运动的发展提供有力的保障。

校园足球管理者或者足球教师也要不断地提高自己的认识水平,明确足球文化的内涵和真谛。足球文化不仅仅是一种运动方式,更是一种精神追求和文化传承。通过足球运动文化,我们可以培养学生的团队合作精神、竞争意识、意志品质和身体素质,也可以丰富学生的课外生活,营造一种良好的足球文化氛围。

建立完善的组织机构和管理制度。学校应该成立专门的足球管理机构,负责校园足球运动的规划、组织、实施和监督。同时,要制定完善的管理制度和规范,确保校园足球运动的顺利进行。加强师资队伍建设。优秀的足球教师是校园足球运动发展的关键。我们要加强对足球教师的培训和管理,提高他们的业务水平和职业道德水平。同时,还可以引进一些高水平的足球教练和退役足球运动员来指导校园足球运动的发展。开展丰富多彩的足球活动。除了常规的足球比赛,我们还可以开展一些其他的足球活动,如足球知识讲座、足球技能培训、足球文化展览等,以吸引更多的学生参与其中。通过校园广播、宣传栏、网络等渠道宣传校园足球运动的信息和动态,吸引更多的学生关注和参与。同时,还可以通过组织观摩团、邀请媒体报道等方式扩大校园足球运动的影响力。

总之,促进我国青少年校园足球运动文化的建设与发展是一项长期而艰巨的任务。我们需要学校相关部门及领导的大力支持,需要优秀的师资队伍和完善的组织机构和管理制度,需要开展丰富多彩的足球活动,加强宣传和推广工作。只有这样,我们才能营造一个良好的足球文化氛围,让学生通过足球运动文化来培养和提高自己的意志品质与身体素质,丰富自己的课外生活,激发学习的积极性,促进自主学习能力的发展和提高。最终,以校园足球文化带动全校进入一个奋发向上、具有青春活力的激情氛围,这才是校园足球运动文化建设与发展的真正意义所在。

二、推进校园足球教育理念的改革

在构建校园足球运动文化的过程中,学校相关部门及领导教师的思想认识是至关重要的。只有从思想上高度重视校园足球教育理念的改革,才能够更好地推动校园足球运动文化的建设。

首先,学校相关部门及领导需要充分认识到校园足球运动文化的重要性。

校园足球运动不仅仅是一种体育活动,更是一种教育方式,可以培养学生的团队合作精神、竞争意识、意志品质和身体素质。因此,学校相关部门及领导应该将校园足球运动文化作为学校教育的重要组成部分,给予足够的重视和支持。

其次,学校相关部门及领导需要积极推动校园足球教育理念的改革。传统的校园足球教育理念往往注重技能训练和比赛成绩,而忽视了足球运动文化的内涵和真谛。因此,我们需要更新教育理念,注重培养学生的兴趣爱好、团队合作精神和综合素质,让足球运动成为学生全面发展的重要组成部分。

同时,学校相关部门应在政策和经费方面予以必要的支持。政策支持可以为校园足球运动文化的发展提供有力的保障,如制定相关政策、完善管理制度、提供经费支持等。而经费支持则是保证各类足球活动或竞赛顺利进行的基础,如购买器材、组织比赛、培训教师等都需要一定的经费支持。

此外,学校相关部门还可以通过开展丰富多彩的足球活动来营造良好的足球文化氛围。构建校园足球运动文化需要学校相关部门及领导的高度重视和支持。同时,学校相关部门需要在政策和经费方面予以必要的支持,并通过开展丰富多彩的足球活动来营造良好的足球文化氛围。只有这样,我们才能够培养出更多的优秀足球运动员和热爱足球运动的青少年,为我国的足球事业做出更大的贡献。

推进校园足球教育理念的改革,教材和教学方法是两个非常重要的方面。在足球教材改革方面,足球教材是足球文化传播的重要载体,教材选取得合理与否将直接影响学生对足球运动的兴趣,选择足球教材时,要充分考虑所有学生的学习能力和接受能力,以满足学生多样化的足球需求。在足球教学方法方面,选择的教学方法要灵活多样,以满足不同能力学生的需要。除此之外,还可以增加师生互动沟通的环节,利用先进的多媒体手段展开足球教学,以扩展学生的学习视野,提高足球运动水平。

三、完善足球课程体系

发展到现在,足球运动在校园中得到了极大的推广与发展。足球必修课与选修课成为校园足球运动文化的重要组成部分。为了更好地促进校园足球文化的建设与发展,我们需要不断地完善足球课程体系,满足学生对足球运动的需求。首先,我们需要不断地完善足球课程体系。在教材方面,我们应该选择适合学生年龄和技能水平的教材,注重教材的趣味性和实用性。其次,在教法方面,我们应该注重多样化的教学方法。通过运用讲解、示范、练习、比赛等多种形式,让学生更加深入地了解足球运动的基本知识和技能。同时,我们还可以借助现代教学手段协助教学,如多媒体教学、网络教学等,让学生更加直观地了解足球运动的技术和战术。此外,课堂教学要充分体现以人为本的原则。我们应该注重学生的个体差异和需求,针对不同学生的特点采取不同的教学方法和手段,以激发学生的学习兴趣和积极性。

通过足球技术技能的学习和理论与规则的掌握,我们可以培养学生的团结合作的集体主义精神,促进学生综合素质的发展和提高。在足球运动中,团队合作是非常重要的,只有通过团队合作才能够取得更好的成绩。因此,我们应该注重培养学生的团队合作精神和沟通能力,让他们学会相互协作、相互支持。完善足球课程体系是促进校园足球文化建设与发展的重要方面。我们应该注重教材的选取和教法的多样性,借助现代教学手段协助教学,充分体现以人为本的原则,并通过足球技术技能的学习和理论与规则的掌握来培养学生的团结合作的集体主义精神,促进学生综合素质的发展和提高。

四、积极开展校内外的足球竞赛活动

无论是学校内部的足球比赛,还是校际足球联赛,都是推动校园足球运动文化建设的重要手段,具有深远的意义。首先,学校内部的足球比赛可以丰富学生的业余文化生活,激发学生学习足球运动的兴趣。通过比赛,学生可以展示自己的技能和才华,也可以感受到足球运动的魅力和乐趣。这样的比赛可以让学生更加深入地了解足球运动,提高他们的兴趣和爱好,营造一个良好的体育氛围。在组织这样的比赛时,我们应该充分利用学校的资源,调动校园足球运动中的所有积极因素。所有工作人员都应该积极参与其中,从组织、裁判到观众,都应该为比赛的成功付出努力。这样的氛围可以让学生感受到足球运动的热情和力量,也可以让他们更加积极地参与到足球运动中来。而校际足球联赛则可以加强各校之间的沟通与交流。通过比赛,各校的足球队可以相互学习、相互借鉴,提高自己的技能和水平。这样的比赛也可以为国家选拔出一批优秀的足球后备人才,为我国的足球事业做出贡献。

在组织校际足球联赛时,我们可以采用企业赞助的方式进行。这样不仅可以为比赛提供资金支持,还可以为学校和企业建立良好的合作关系,为未来的发展打下基础。

五、加大校园足球基础设施建设的投入

足球教学、训练或比赛活动的举办都需要有良好的足球场地设施,它是保证足球运动顺利进行的重要基础和保障。学校应该积极响应国家开展校园足球运动的号召,根据本校的具体实际大力兴建足球场地,加大在足球设施方面的投入,为学生提供更高质量的足球场地和设施,为学生营造一个良好的足球学习与训练环境,这对于传播和发展校园足球运动文化具有重要的意义和作用。

在推动校园足球运动文化发展的过程中,加大校园足球基础设施建设的投入是至关重要的。基础设施是足球运动开展的基础,只有完善的基础设施才能够保证足球活动的顺利进行,增强学生的学习体验和运动效果。

首先,学校应该加大对足球场地的建设投入。足球场地是足球运动的基本条件,一个良好的场地可以让学生更好地发挥自己的技能,增强比赛的观赏性和参与感。因此,学校应该根据实际情况,合理规划足球场地的建设,确保场地的质量和数量能够满足学生的需求。

其次,学校应该加大对足球器材的投入。足球器材是足球运动的重要保障,包括足球、球门、球衣等。学校应该根据学生的需求和实际情况,采购适合的器材,确保器材的质量和数量能够满足学生的需求。同时,学校还应该加强对器材的维护和管理,确保器材的安全和正常使用。此外,学校还应该加大对足球教练的投入。足球教练是校园足球运动文化的重要组成部分,他们的专业水平和教学能力直接影响学生的学习效果和兴趣。因此,学校应该加强对足球教练的培训和管理,提高他们的专业水平和教学能力。同时,学校还应该为足球教练提供必要的工作条件和福利待遇,确保他们能够全身心地投入教学工作中。

最后,学校还应该加大对校园足球文化的宣传投入。校园足球文化是校园文化的重要组成部分,它不仅能够丰富学生的业余文化生活,还能够培养学生的团队合作精神和竞争意识。因此,学校应该加强对校园足球文化的宣传和推广,通过各种形式的活动和比赛,让学生更加深入地了解足球运动的文化内涵和精神价值。学校应该从场地、器材、教练和文化宣传等方面入手,不断完善基础设施的建设和管理,为校园足球运动的顺利开展提供有力的支持。只有这样,我们才能够更好地推动校园足球运动文化的发展,培养更多的优秀足球运动员和热爱足球运动的青少年。

第七章 校园足球评价体系构建

第一节 学生的身体素质评价

学生的身体素质即学生的体能状况。足球运动是一项高强度、高对抗和高速度的球类运动,因此,充沛的体能是参与足球运动不可或缺的。这也是支撑学生顺利参与到足球运动当中的关键因素。因此,在建立校园足球教学训练评价体系的工作中就一定不能忽视对学生身体素质方面的评价。具体来讲,人体的体能一般通过 5 种身体素质的形式表现出来,即力量、速度、耐力、灵敏和柔韧。所以,对于学生身体素质的评价也需要从这 5 个方面入手。

一、对学生足球运动的决定性身体素质评价

(一)对力量素质的评价

1. 力量素质的评价内容

实际上身体的五大素质各有侧重,它们都在运动中发挥着各自的作用。但力量素质无疑是五大身体素质之首,它是各项身体素质的基础,它对多项身体素质都能起作用,如力量越大的人,他的爆发力就相对越强,启动速度就相对越快。足球运动是一项高对抗的运动。在比赛过程中,运动者除了要在自身技术动作上消耗体力,还会在与对手的对抗中消耗体力。因此,力量素质是学生掌握多种运动技能、提高足球运动实战能力的重要保障

现代足球比赛较之以往更具竞争性。激烈程度的加剧使得球员之间出现了更多的身体接触。学生为了抢占有利的空间位置,经常要运用合理冲撞、变向、急停转身、传球、跳起、射门等技术动作。为了使这些动作在做出后获得理想的效果,就需要充足的腿部力量和腰腹力量做保障。因此,鉴于足球运动的运动特点,在制定力量素质评价内容时就应将重点放在检验学生是否具备足够的腿部力量。在评价过程中,应优先选择反映学生腿部力量与全身协调用

力的指标进行评价。

2. 力量素质的评价方式

力量素质是足球运动中非常重要的身体素质之一。在评价力量素质时,可以采用多种方式进行评估,以确保全面、准确地了解学生的力量水平。首先,可以采用身体力量的测试。这可以通过简单的体重和肌肉围度测量来进行。通过测量学生的体重和肌肉围度,可以了解他们的基础力量水平。同时,还可以进行一些简单的力量测试,如俯卧撑、仰卧起坐、引体向上等,以评估学生的上肢和核心力量。其次,可以进行爆发力的测试。爆发力是指在短时间内产生最大力量的能力,对于足球运动员来说非常重要。可以通过立定跳远、三级跳远等测试来评估学生的爆发力水平。另外,还可以进行耐力的测试。耐力是指身体在长时间或高强度运动中保持运动能力的能力。可以通过长跑、间歇性训练等测试来评估学生的耐力水平。

除了以上测试,还可以通过观察学生在实际比赛中的表现来评估他们的力量素质。例如,观察学生在比赛中是否有足够的冲刺能力、能否在防守中有效阻挡对手的进攻等。最后,需要注意的是,力量素质的评价应该是一个综合性的过程,需要结合多种测试和观察结果来进行评估。同时,评价过程中还需要考虑到学生的个体差异和不同年龄段的发展特点,以确保评价的准确性和科学性。

(1)立定跳远。

评价目的:测试和评价学生腿部向前的爆发力。

场地器材:一块平整的地面;一把测量尺。

评价方法:学生应穿足球鞋,每人试跳 3 次。

评价标准:取最好成绩为最后纪录。跳得越远表明腿部力量素质越好。

(2)原地双脚纵跳。

评价目的:测试和评价学生腿部向上的爆发力。

场地器材:一块平整的地面;一个摸高测量仪。

评价方法:学生站在墙边,将手臂尽量靠近墙面并努力向上伸,双脚脚跟不能离地,在指尖摸到的最高点做一个记号。然后学生离开墙边,双脚同时用力做向上纵跳动作,再次在指尖摸到的最高点做一个记号。两个记号之间的距离就是所得的成绩。

评价标准:取 3 次测试中最好的成绩进行记录。距离差越大,表明腿部力量素质越好。

（3）助跑单脚纵跳。

评价目的：测试和评价学生腿部向上的爆发力。

场地器材：一块平整的地面；一个摸高测量仪。

评价方法：和原地双脚纵跳基本相同。学生站在墙边，将手臂尽量靠近墙面并上伸，注意双脚脚跟不能离地，在指尖摸到的最高点做记号；学生离开墙边，经助跑后，尽力做单脚向上纵跳，再次在指尖摸到的最高点做记号。前后两个记号之间的距离就是学生所得的成绩。

评价标准：取 3 次测试中最好的成绩纪录。距离差越大，表明腿部力量素质越好。

（4）立定三级跳。

立定三级跳是一种田径运动项目，它要求运动员在原地起跳后，连续进行三次跳跃，以最远的单次跳跃距离作为最终成绩。这项运动需要运动员具备出色的爆发力、弹跳力和协调性。

在立定三级跳比赛中，运动员需要在规定的起跳区域起跳，然后依次完成三次跳跃。每次跳跃的距离都会被测量并记录下来，以最远的单次跳跃距离作为最终成绩。这项运动的难度较大，需要运动员在短时间内发挥出最佳水平，也需要运动员具备较高的心理素质和丰富的比赛经验。立定三级跳的训练需要注重爆发力、弹跳力和协调性的训练。运动员需要通过力量训练、跳跃训练和协调性训练来提高自己的各项能力。同时，运动员还需要注重技术的细节和比赛策略的制定，以在比赛中取得更好的成绩。立定三级跳是一种对运动员身体素质和心理素质要求较高的田径运动项目。通过科学的训练和比赛经验的积累，运动员可以在这项运动中发挥出最佳水平，并取得优异的成绩。

（5）引体向上。

引体向上是一项考验上肢力量和核心稳定性的运动项目，也是健身和体育训练中的重要内容。它要求运动员通过自身的力量，克服重力作用，使身体向上拉起，直到下巴超过单杠的高度。引体向上的动作看似简单，实际上需要很强的上肢力量和核心稳定性。在引体向上的过程中，身体需要保持稳定，避免摇晃和晃动，同时需要协调好呼吸和肌肉收缩，以保持身体的平衡和稳定。

引体向上的训练需要注重上肢力量和核心稳定性的训练。通过力量训练,如哑铃推举、俯卧撑等,可以增强上肢肌肉的力量和耐力。同时,通过核心稳定性训练,如平板支撑、仰卧起坐等,可以增强核心肌肉的力量和稳定性,从而更好地完成引体向上的动作。

在引体向上的训练中,还需要注重正确的姿势和技巧。正确的姿势可以减少受伤的风险,同时增强训练效果。例如,保持身体挺直、收腹、抬头等姿势,可以更好地发挥上肢肌肉的力量和核心稳定性。引体向上是一项考验上肢力量和核心稳定性的运动项目,通过科学的训练和正确的姿势,可以增强自身的力量和稳定性,从而更好地完成引体向上的动作。

(6)1分钟仰卧起坐。

1分钟仰卧起坐是一项常见的体能训练项目,它通过反复进行仰卧起坐的动作,可以锻炼腹部肌肉,增强身体的耐力和柔韧性。

在进行1分钟仰卧起坐时,首先需要选择一个平坦的地面,躺在地上,双手交叉放在胸前或者两侧,然后弯曲膝盖,脚掌着地。接着,通过腹肌的力量,将身体向上抬起,直到肘部碰到膝盖或略微超过膝盖。然后,缓慢放下身体,回到起始位置。这个动作需要反复进行,直到1分钟时间结束。

1分钟仰卧起坐的训练需要注重正确的姿势和技巧。正确的姿势可以减少受伤的风险,同时增强训练效果。例如,保持身体挺直、收腹、头部略微抬起等姿势,可以更好地锻炼腹部肌肉。此外,在训练过程中,需要注意呼吸方式,避免憋气或过度用力。

1分钟仰卧起坐的训练还可以结合其他体能训练项目进行。例如,可以在进行1分钟仰卧起坐之前进行热身运动,如慢跑、跳绳等,以提高身体的温度,促进血液循环。此外,可以在训练过程中结合其他腹部肌肉训练项目,如平板支撑、俄罗斯转体等,以全面锻炼腹部肌肉。

1分钟仰卧起坐是一项简单易行、效果显著的体能训练项目。

(7)1分钟悬垂举腿。

1分钟悬垂举腿是一项针对腹部肌肉和核心力量的高强度训练项目。这项训练对于增强身体的稳定性、力量和耐力具有重要意义。

在进行1分钟悬垂举腿时,首先需要找到一个稳定的悬挂点,如单杠或吊环。然后,双手抓住悬挂点,身体保持挺直,双脚离地。接着,通过腹肌的力量,将双腿向上抬起,直到与地面平行或略微超过。在抬起过程中,需要注意保持身体的稳定性和平衡性,避免摇晃和晃动。1分钟悬垂举腿的训练需要注重正确的姿势和技巧。正确的姿势可以减少受伤的风险,同时增强训练效果。此外,在训练过程中需要注意呼吸方式,避免憋气或过度用力。1分钟悬垂举腿的训练还可以结合其他体能训练项目进行。

(8)掷界外球。

掷界外球是足球比赛中的一种重要技术,用于恢复比赛。当球员在比赛中由于犯规等原因被罚出场外时,裁判员会向场外的一名球员抛出界外球,以恢复比赛。

掷界外球时,球员需要站在场外,身体面向球场,双手将球抱在胸前。然后,球员需要将球掷入场内,同时身体要迅速进入球场。在踢球时,球员需要注意球的落点,尽量将球掷到对方半场,以避免对方球员直接抢断。

掷界外球是一项需要技巧和经验的技术。球员需要掌握正确的姿势和技巧,以确保将球准确地掷入场内。同时,球员还需要具备冷静的头脑和快速的反应能力,以应对对方球员的抢断和防守。

在比赛中,掷界外球往往是一个重要的转折点。如果球员能够准确地掷出界外球,那么球队就有机会重新组织进攻或防守。因此,掷界外球是一项非常重要的技术,需要球员们不断练习和提高,需要球员们掌握正确的姿势和技巧,具备冷静的头脑和快速的反应能力。只有不断提高自己的技术水平,才能在比赛中有更好的表现。

(二)对速度素质的评价

1. 速度素质的评价内容

速度素质是足球运动中非常重要的身体素质之一,它包括反应速度、动作速度和移动速度等多个方面。在评价速度素质时,需要综合考虑多个方面的内容,以确保全面、准确地了解学生的速度水平。首先,反应速度是评价速度素质的重要指标之一。反应速度是指人体对外界刺激做出反应的快慢程度。在足球运动中,反应速度对于运动员的防守和进攻能力有着重要的影响。因此,在评价速度素质时,可以通过一些反应测试来评估学生的反应速度,如听信号起跑、看信号变向等。其次,动作速度也是评价速度素质的重要指标之一。动作速度是指人体完成某一动作的快慢程度。在足球运动中,动作速度对于运动员的射门、传球和运球等技能有着重要的影响。因此,在评价速度素质时,可以通过一些动作测试来评估学生的动作速度,如50米冲刺、100米跑等。另外,移动速度也是评价速度素质的重要指标之一。移动速度是指人体在地面上移动的快慢程度。在足球运动中,移动速度对于运动员的跑动和抢断能力有着重要的影响。因此,在评价速度素质时,可以通过一些移动测试来评估学生的移动速度,如 30 米冲刺、折返跑等。例如,观察学生在比赛中是否有足够的冲刺能力、能否快速完成传球和射门等动作。此外,为了更全面地评价学生的速度素质,还可以考虑以下几个方面。

灵敏度:灵敏度是指人体在快速变化的环境中保持平衡和协调的能力。在足球运动中,灵敏度对于运动员的变向、转身和躲避对手等方面有着重要的影响。因此,在评价速度素质时,可以通过一些灵敏度测试来评估学生的灵敏度水平,如 T 形跑、折线跑等。

爆发力:爆发力是指人体在短时间内产生最大力量的能力。在足球运动中,爆发力对于运动员的射门、抢断和传球等方面有着重要的影响。因此,在评价速度素质时,可以通过一些爆发力测试来评估学生的爆发力水平,如立定跳远、三级跳远等。

耐力:耐力是指人体在长时间或高强度运动中保持运动能力的能力。在足球运动中,耐力对于运动员的持久力和耐力水平有着重要的影响。因此,在评价速度素质时,可以通过一些耐力测试来评估学生的耐力水平,如长跑、间歇性训练等。评价学生的速度素质需要综合考虑多个方面的内容,包括反应速度、动作速度、移动速度、灵敏度、爆发力和耐力等。通过多种测试和观察结果的综合评估,可以更全面地了解学生的速度水平,为他们的足球训练和发展提供有针对性的指导。

在一场足球比赛中,学生为了完成战术要求和积极拼抢,经常要做快速的冲刺奔跑,还要根据足球场上情况的变化与需要,在各种技术动作中结合诸多急停急起、急停变向等动作。这些都需要学生具备出色的速度素质才可以完成。

速度对于足球运动的意义是不言自明的,无论是位移速度还是动作速度都属于速度的范畴,高水平的足球比赛通常都会以较快的速度和高速动作的成功率作为评判的。因此,根据足球运动的这一特点,可以确定在针对学生的体能评价体系中,对速度素质的评价核心应为速度耐力素质。

2. 速度素质的评价方式

(1)3 米侧滑步。

评价目的:评价守门员快速横向移动速度。

场地器材:一块平整的水泥或沥青地面;一块秒表。

评价方法:在地面上画两条相距 3 米的平行白线,中间 1.5 米处画一条细中线。每次可有 2~4 人(监测人相同)共同参与测试。预备时,学生站在两条边线之间,后脚踩一边。听口令后,尽快在两条边线之间往返滑步跑。每次须一只脚踩到边线,计 30 秒踩到边线的次数。

评价标准:测两次,取最好的一次记录成绩。30 秒踩到边线的次数越多速度素质越好。

(2)3 米交叉步摸地。

评价目的:评价守门员快速移动的灵敏性与协调性。

场地器材:一块平整的水泥或沥青地面;一块秒表。

评价方法:在地面上画两条相距 3 米的平行白线,中间 1.5 米处画一条细中线。测试人数及准备同上。听口令后,用交叉步快速在两条线之间往返跑(始终面向一方),每次只能用一只手摸到边线,计 30 秒摸到边线的次数。测评过程中,要求学生穿胶鞋参与测试,且每次往返,必须摸到边线。

评价标准:测两次,取最好的一次记录成绩。30 秒摸到边线的次数越多、速度素质越好。

(3)30 米绕杆跑。

评价目的:测试与评价学生直线短距离快速跑动中身体的协调性和灵敏性。

场地器材:一块平整的足球场地;一根标志旗杆;一块秒表。

评价方法:在平整的足球场竖立几个不同间距的旗杆。学生在开始的端线准备站立式起跑,自己决定开始跑动的时机,跑动时必须绕过每一根标志杆,跑两次。

评价标准:要求学生跑两次,取最好成绩记录。用时越短成绩越好。

(4)三角跑。

评价目的:测试与评价学生快速、持续移动的速度素质。

场地器材:一块平整的足球场地。

评价方法:在平整的场地上画出边长为 10 米的等边三角形,选一角的顶点做起、终点。学生采用站立式起跑,人动表开,沿三角形做顺时针、逆时针平跑各一次,学生到达终点线停表,人到表停。如果在跑的过程中,踩到或进入三角形边线则不计成绩。

（三）对耐力素质的评价

1. 耐力素质的评价内容

足球运动的运动特点必然需要消耗人体大量的能量。这主要体现在一场完整的正规足球比赛时间较长，为 90 分钟，而在一些赛会制比赛的淘汰赛中，双方打平还要进行 30 分钟的加时赛，甚至还有最终的点球决战长时间、大强度的奔跑对学生的体能是一种极大的考验。因此，足球运动对学生的耐力素质具有较高的要求。根据这一运动特点，就可以制定学生耐力素质评价的主要内容是学生在摄取氧气充足的情况下长时间坚持运动的素质能力，即有氧耐力素质。

2. 耐力素质的评价方式

（1）12 分钟跑。

评价目的：测试与评价学生的有氧耐力。

场地器材：一块田径场地；一块秒表；一把皮尺。

评价方法：在田径场 400 米跑道上进行。由考评员计时，并发出出发信号起跑，测试学生采用站立式起跑，12 分钟时间到时，考评员发出停止信号，测试学生即刻停止跑动并在停止地点做出标记，由考评员计算学生跑的距离。

评价标准：12 分钟跑 3 200 米为优秀，3 000 米为良好，2 900 米为中等，2 800 米为及格。

（2）固定距离跑。

评价目的：通过测试学生的前进、侧向跑、后退、转身、障碍跑以及跳跃动作，来评价学生的有氧耐力及跑动中的灵敏性。

场地器材：一块足球场地；一块秒表。

评价方法：根据场地中的测试循环路线，学生在尽可能短的时间内完成 4 次测试循环。测试循环线路可设置在足球场的四周，测试循环线路的安排可以发生变化，但在重复测试时要尽量使用相同的场地设施。在测试中可以每隔 15 秒命令学生出发，直到测试达到 8 人为止。

评价标准：用时越短成绩越好。

（3）YOYO 测试。

评价目的：测试与评价学生的有氧耐力。

场地器材：一块足球场地；一块秒表；一台录音机。

评价方法：YOYO 测试即 YOYO TEST，在平坦的场地上或在田径跑道上画出相距 20 米的两条线，学生采用站立式起跑，从一条线出发跑向另一条线，在两条线之间按录音机播放的 YOYO TEST 录音带的节奏做往返跑。学生必须在每次发出节奏的鸣叫声时踩到线（按节奏踩到线）并折返跑向另一条线，如不能按时、按节奏踩到该踩到的线时即为犯规，第一次警告，第二次即停止测试并记录跑的时间，按跑的时间评分。

评价标准：12 分为优秀，11 分 30 秒为良好，10 分 50 秒为中等，9 分 40 秒为及格。

二、对学生足球运动的辅助性身体素质评价

（一）对灵敏素质的评价

1. 灵敏素质的评价内容

现代足球运动的主流打法与过往有着很大的差别，其中最为显著的变化就是对控球率的重视。现代足球更加注重通过短传渗透来控制球权，这种打法要求球员不仅具备出色的脚下技术，还需要具备较高的灵敏素质。

在校园足球教学与训练中，紧随足球运动发展规律和趋势是非常重要的。因此，对于学生的短传技术及其相关技术，需要进行重点训练。从技术角度来看，完成短传技术需要学生经常进行短距离的直线、折线与弧线的快速冲刺跑。此外，为了躲避对方防守，学生还需要进行急转弯向和跳步等动作，这些动作都需要良好的灵敏素质来支撑。因此，根据现代足球运动的特点，在校园足球教学训练评价体系中，选择适当的身体灵敏素质指标进行测评是非常必要的。这样可以更好地评估学生的技术水平和身体条件，为教学和训练提供更有针对性的指导。

在选择身体灵敏素质指标时，可以考虑以下几个方面：

反应时间：反应时间是衡量学生灵敏素质的重要指标之一。通过测试学生的反应时间，可以了解他们在面对突发情况时的反应速度和判断能力。

移动速度：移动速度是指学生在进行快速冲刺、急转弯向等动作时的速度。通过测试学生的移动速度，可以了解他们在不同情况下的身体协调性和爆发力。

变化方向：变化方向是指学生在进行急转弯向、跳步等动作时的变化速度

和准确性。通过测试学生的变化方向,可以了解他们在面对防守时的应变能力和技巧。

平衡能力:平衡能力是指学生在进行快速冲刺、急转弯向等动作时的身体稳定性。通过测试学生的平衡能力,可以了解他们在面对防守时的身体控制能力和技巧。

在校园足球教学训练中,除了选择适当的身体灵敏素质指标进行测评,还需要注重以下几个方面。

制订科学合理的训练计划:根据学生的年龄、性别、身体条件等因素,制订科学合理的训练计划,确保训练的针对性和有效性。

加强基础训练:基础训练是提高身体灵敏素质的关键。通过加强基础训练,可以提高学生的力量、速度、协调性和爆发力等身体素质。

注重技术细节:在训练中注重技术细节的指导,让学生掌握正确的技术动作和技巧,提高他们的技术水平和应用能力。

培养团队协作能力:现代足球注重团队协作和配合,因此在训练中需要注重培养学生的团队协作能力,让他们学会在比赛中与队友配合默契,提高整体战斗力。

2. 灵敏素质的评价方式

(1)3 米往返跑。

评价目的:测试与评价学生的灵敏性素质。

场地器材:一块平整的木板或平坦的土场地;一块秒表。

评价方法:在木板地或平坦的土场地上画两条线相距 3 米,受试者站在线上,听口令开始在两条线之间做往返跑,每次必须有一只脚踩到白线。计 30 秒内受试者的踩线次数。

评价标准:测两次,取最好一次成绩。32 次/分为优秀,30 次/分为良好,28 次/分为中等,26 次/分为及格。

(2)越障碍变向跑。

评价目的:测试与评价学生快速奔跑与变向的能力。

场地器材:8 个锥形标记物;一把卷尺;一块秒表,笔和纸。

评价方法:学生趴在地上,腹部着地,双手与胸部平齐,任何体重都不能压在手上,双腿伸直,脚掌朝上,鞋钉不能着地。学生听到"开始"口令后马上爬起,向触摸线冲刺,必须触线;然后按照路线绕锥形标志物快速冲刺;绕过锥形标志物后返回触摸线,然后以最快速度跑向终点。

(二)对素质的评价

1. 柔韧素质的评价内容

在足球运动中,柔韧素质经常被人们忽视,甚至有人认为它与足球运动中的其他 4 种身体素质相比作用不大。然而,实际上,柔韧素质对于学生来说是一种十分重要的运动素质。柔韧素质是指人体关节在不同方向上的运动能力以及肌肉、韧带等软组织的伸展能力。在足球运动中,学生的柔韧素质一般表现为对自身身体协调性的控制。发展柔韧素质可以帮助学生更好地适应足球运动的身体要求,提高动作幅度和优美度,增强身体的灵活性和协调性。此外,发展柔韧素质还可以有效提高身体重要部位的力量。

在足球运动中,学生需要不断进行冲刺、变向、跳跃等动作,这些动作都需要身体各个部位的力量支撑。通过发展柔韧素质,可以增强肌肉和韧带的弹性,增强关节的稳定性,从而为骨骼和关节提供有效的保护。在足球运动中,学生需要不断进行高强度的身体对抗和竞技,如果身体柔韧性不足,容易导致肌肉拉伤、关节扭伤等伤病。因此,发展柔韧素质可以帮助学生更好地适应足球运动的身体要求,减少伤病发生的概率。因此,在针对学生的足球运动训练中,不应该忽视柔韧素质的训练。在制订训练计划时,应该将柔韧素质训练融入其中,根据学生的身体条件和运动需求进行针对性的训练。同时,在针对学生的柔韧素质评价时,也应该将其纳入评价体系当中,以便更好地了解学生的身体状况和运动能力。总之,柔韧素质在足球运动中具有重要的作用。同时,发展柔韧素质还可以有效提高身体重要部位的力量,为骨骼和关节提供有效的保护,减少运动性伤病发生的概率。因此,在针对学生的足球运动训练中,应该注重柔韧素质的训练和评价,为学生的未来发展打下坚实的基础。

2. 柔韧素质的评价方式

柔韧素质的评价方式对于准确评估学生的身体柔韧性具有重要意义。下面将从评价方式的角度,对柔韧素质的评价进行详细的阐述。

静态姿势评估是一种常用的柔韧素质评价方式。通过观察学生在保持特定姿势时的稳定性和舒适度,可以判断其关节的灵活性和肌肉的伸展能力。例如,学生可以保持站立姿势,观察其脊柱的伸展程度、肩关节的开合程度以及下肢的伸展情况等。静态姿势评估的优点在于简单易行,缺点是难以反映学生在动态运动中的柔韧表现。

关节活动度评估是评价柔韧素质的重要方式。通过测量学生在不同关节方向上的活动范围,可以了解其关节的灵活性和伸展能力。常用的测量方法包括角度计测量法、尺带测量法等。关节活动度评估的优点在于能够准确反映学生在不同方向上的柔韧表现,但缺点是需要专业的测量工具和测量人员,操作相对复杂。肌肉伸展性评估是通过测量肌肉在不同角度下的长度变化,反映肌肉的伸展能力和柔韧性。常用的测量方法包括肌肉等长收缩法、肌肉等张收缩法等。肌肉伸展性评估的优点在于能够反映肌肉的伸展能力和柔韧性,但缺点是需要专业的测量工具和测量人员,操作相对复杂。

运动功能评估是通过观察学生在完成特定运动动作时的表现,判断其关节的灵活性和肌肉的伸展能力。例如,学生可以完成一些拉伸动作,如俯卧撑、仰卧起坐等,观察其在完成这些动作时的稳定性和流畅性。运动功能评估的优点在于能够反映学生在实际运动中的柔韧表现,但缺点是需要观察者在现场进行观察和评估,操作相对烦琐。问卷调查评估是通过设计一系列问题,了解学生在日常生活中对于身体柔韧性的感受和体验。例如,可以询问学生在完成一些日常活动时的舒适度和流畅性,从而判断其关节的灵活性和肌肉的伸展能力。问卷调查评估的优点在于能够反映学生在日常生活中的柔韧表现,但缺点是主观性较强,可能受到个人感受和经验的影响。柔韧素质的评价方式多种多样,可以根据不同的需求和条件选择适合的评价方式。在评价过程中,需要注意评价标准的客观性和准确性,以便更好地了解学生的身体状况和运动能力。同时,还需要注意评价方式的可操作性和便捷性,以便在实际教学和训练中广泛应用。

第二节　学生的技术能力评价

足球运动技术是该项运动区别于其他运动的最显著特征。另外,技术也是每一位足球运动的参与者必须掌握的。对于足球运动技能的评价主要是针对诸多基础技术的考察,具体包括接球技术、运球技术、传球技术射门技术和守门员技术。本节主要对运动艺术视角下校园足球教学与训练的技术能力评价进行研究,以期准确了解学生对足球运动技术学习的效果。

一、接球技术评价

在足球运动实战中,接球技术并不是单一存在的,它更多的是与其他技术相结合使用。从技术动作的顺序来看,就能很明显地发现一切后续动作(运、传、射)的基础都是"接"。因此,在对学生技能进行评价的时候,要将接球技术与相关的其他技术结合进行评价,其评价方法可以采用接球传准的方法,通过这种方法来测验学生接四方高低球的技术和传球的准确性水平场地器材;在球场或平坦的地面上画一条长度大于 5 米的白线,以白线为一边,在白线中段一侧画边长为 3 米的正方形接球区。接球区两边 1 米处各画一条与白线垂直的线,与接球区边线构成传球区。在白线中段的另一侧距白线中点 20 米处插 1 根高 1 米的标志杆,以标志杆为中心画半径为 1 米和 2 米的两个同心圆。准备一块秒表。

学生的技术能力评价是教育评价的重要组成部分,对于了解学生的学习状况、提高教学质量、促进学生的全面发展具有重要意义。

二、技术能力评价的意义

技术能力评价是对学生掌握技术知识、技能和方法的程度进行评估的过程,它对于学生的学习和成长具有重要意义。首先,技术能力评价可以反映学生的学习状况。通过对学生掌握的技术知识、技能和方法进行评估,我们可以了解学生对相关技术的掌握程度和理解深度。这有助于教师了解学生的学习进度和掌握情况,为后续的教学提供参考。其次,技术能力评价可以发现学生在技术学习中的问题和不足。在评价过程中,我们可以发现学生在技术应用、实践操作、问题解决等方面的不足之处。这有助于教师及时调整教学策略,针对学生的问题进行有针对性的指导和帮助,增强学生的学习效果。

此外,技术能力评价还可以为教师提供教学反馈。通过评价结果,教师可以了解自己的教学效果和教学方法的优缺点,从而调整教学策略,提高教学质量。同时,教师还可以将评价结果与同行交流分享,共同探讨教学方法和技巧,促进教学水平的提高。对于学生来说,技术能力评价可以帮助他们明确自己的学习目标。通过了解自己在技术学习中的问题和不足,学生可以针对性地制订学习计划和目标,激发学习动力,提高技术水平。同时,评价结果还可以为学生提供自我反思的机会,帮助他们发现自己的优点和不足,促进自我成长和发展。最后,技术能力评价是检验学校教学效果、提高教学质量的重要手段。通过定期进行技术能力评价,学校可以了解学生的学习状况和教师的教学效果,及时发现问题并进行改进。同时,学校还可以将评价结果与家长沟通分享,让家长了解孩子的学习情况和进步情况,促进家校合作和共同教育。技术能力评价对于学生的学习和成长具有重要意义。它不仅可以反映学生的学习状况和问题不足,还可以为教师提供教学反馈和帮助改进教学方法。因此,我们应该重视技术能力评价的作用和意义,积极开展评价工作,为学生的成长和发展提供有力的支持和保障。

三、技术能力评价的内容

技术知识是技术能力的基础,包括基础理论知识、专业知识和实践经验等。在评价学生的技术能力时,首先要考查学生对技术知识的掌握程度。可以通过考试、作业、课堂表现等方式来评估学生对技术知识的理解和应用能力。技术技能是指学生运用技术知识解决实际问题的能力。在评价学生的技术能力时,要关注学生的技术技能熟练程度。可以通过观察学生的操作过程、实践成果等方式来评估学生的技术技能水平。技术方法是指学生在解决实际问题时所采用的方法和策略。在评价学生的技术能力时,要关注学生的技术方法运用能力。可以通过分析学生的问题解决过程、案例分析等方式来评估学生对技术方法的掌握和应用情况。

四、技术能力评价的方法

技术能力评价的方法是多种多样的,根据不同的评价目的和评价对象,可以选择不同的评价方法。以下是一些常用的技术能力评价方法。

1. 观察法

观察法是技术能力评价中常用的一种方法。它通过观察学生在实际操作中的表现,了解学生对技术知识的掌握程度和应用能力。观察法可以贯穿于整个教学过程,教师可以随时观察学生的学习状态、操作过程、解决问题的方式等,及时发现学生的问题并给予指导。观察法具有简单易行、直观明了的特点,但需要教师具备一定的观察能力和经验。

2. 测验法

测验法是一种常用的技术能力评价方法。它可以分为笔试、口试和操作考试等多种形式。笔试主要考查学生对技术知识的理解和记忆能力,口试主要考查学生的口头表达和解释能力,操作考试主要考查学生的实际操作和应用能力。测验法具有客观公正、易于操作的特点,但需要教师根据评价目的和评价对象设计合理的试题和评分标准。

3. 作品评价法

作品评价法是通过对学生完成的作业或作品进行评价,了解学生的技术能力和创造力。这种方法主要适用于手工艺、设计、编程等课程中,可以考查学生的实际操作能力和解决问题的能力。作品评价法需要教师制定合理的评价标准和评分细则,并对学生的作品进行认真细致的评价。

4. 自评和互评法

自评和互评法是一种让学生参与评价的方法。通过自评和互评,可以让学生了解自己的学习状况和问题,促进自我反思和提高。自评和互评法需要教师制定合理的评价标准,并引导学生积极参与评价过程,同时要避免学生之间的互相影响和干扰。

5. 综合评价法

技术能力评价的方法多种多样,不同的方法具有不同的特点和应用范围。在选择评价方法时,需要根据评价目的、评价对象和实际情况进行综合考虑,选择最合适的方法组合,以达到全面、客观地评价学生的技术能力的目的。同时,还需要注意以下几点。

首先,评价方法要具有科学性和可操作性。评价方法应该符合教学规律和学生实际情况,能够客观地反映学生的技术能力水平,并且易于操作和实施。

其次,评价方法要具有多样性和针对性。不同的课程和学生具有不同的特点,需要采用不同的评价方法。同时,要根据评价目的和评价对象的特点,选择最合适的评价方法组合。

最后,评价方法要具有启发性和引导性。评价不仅仅是为了了解学生的学习状况和问题,更是为了引导学生发现问题并给予指导,促进学生的自我反思和提高。因此,评价方法应该具有启发性和引导性,能够激发学生的思维和创造力。

五、技术能力评价的实施

（1）制定评价标准。

在实施技术能力评价前,需要制定明确的评价标准,包括评价内容、评价标准、评价方法等。评价标准要科学、合理,能够客观地反映学生的学习状况和技术水平。

（2）收集评价信息。

在实施技术能力评价时,需要收集充分的信息,包括学生的考试成绩、作业完成情况、课堂表现、实践成果等。这些信息可以全面地反映学生的学习状况和技术水平。

（3）组织评价活动。

在收集到充分的信息后,需要组织有效的评价活动,包括考试、作业检查、课堂观察、实践成果展示等。这些活动可以客观地评估学生的技术能力水平。

（4）分析评价结果。

在完成评价活动后,需要对评价结果进行分析和总结。通过分析学生的考试成绩、作业完成情况、课堂表现、实践成果等信息,可以了解学生的学习状况和技术水平,为后续的教学工作提供参考和依据。同时,也需要对评价结果进行反馈和指导,帮助学生明确自己的学习目标和发展方向。

六、守门员技术评价

在足球运动中,守门员是防守一方的最后一道防线。因此,在足球界中一直有"一个好的守门员顶半支球队"的说法。守门员的重要作用在于在本队中只有守门员是可以通过双手控制足球的,而通过双手能够更有效地控制和获得球。为了能够使最后一道防守屏障发挥出最大的作用,就需要对足球教学中的守门员进行严格的教学与训练。因此,根据这一特点,就要将守门员技术的评价纳入校园足球教学与训练技术能力评价体系之中。

（一）持球

持球踢准主要用来评价守门员脚踢发球的准确性。

场地器材:选择一块标准的足球场地,在球场中圈里画一个直径为5米的圆,在两边线和中线相交的两角分别画出边长为5米和8米的两个正方形。

具体评价方法:守门员持球站在罚球区内,向中场方向的两个正方形区域内各踢3个球,向中圈内踢4个球。球落点在小方形及小圆内得3分;球落点在小方形外大方形内、小圆外大圆内得2分;球落点在场内得1分;球落点在场外得0分,记录守门员踢10个球的总得分。

测试注意事项:得分的判定是以球的落点为准,而不是以球落地后滚动停止的落点位置为准。

(二)防守定点射门

防守定点射门测试法主要用于测试和评价守门员连续防守定点射门的扑接球的技术能力。

场地器材:选择一个标准足球场。在罚球区内,以球门底线中点为圆心,以16.5米为半径画弧。

具体评价方法:在罚球弧内及小禁区45°角外5米左右的位置各放5个球,射手根据计时员每隔3秒所发出的口令,依次用各种力量、角度脚法射门。守门员接到球后从左右两侧将球抛出。记录并计算防守员防守的成功率。由教练对射手射门的平均质量做出优、良、中、差评定,分别对防守成功率乘以1.0,0.9,0.8,0.7,计算守门员的得分,记录防守定点射门的成功率(取整数)。

测试注意事项:射手将球踢出界需补踢;如果守门员触碰到了出界的球则仍旧判定防守成功。

(三)扑定点球结合发球

在足球比赛中,扑定点球和发球是两个非常重要的技术环节。将两者结合使用,不仅可以增强比赛的观赏性,还可以为球队创造更多的进攻机会。

首先,扑定点球是守门员的重要技能之一。当对方球员在禁区内射门时,守门员需要迅速反应,准确地判断球的轨迹和速度,然后采取合适的扑救动作。如果守门员能够成功扑出对方的射门,不仅可以减少失球的风险,还可以为本队争取到更多的反击机会。

在扑定点球的过程中,守门员需要注意以下几点:

预判:守门员需要提前预判球的轨迹和速度,以便提前做出反应。这需要对对手的射门方式和球的位置有准确的判断。

站位:守门员需要选择合适的站位,以便能够更好地覆盖禁区。一般来说,守门员应该站在球门线上,但根据对手的射门方式和球的位置,可以适当调整站位。

动作:守门员需要采取合适的扑救动作,以便能够准确地扑出对方的射门。这需要根据球的轨迹和速度来选择合适的动作,如侧扑、倒地扑等。

其次,发球是进攻方的重要技术之一。通过准确的发球,进攻方可以迅速将球传到对方半场,为本队创造进攻机会。在比赛中,进攻方通常会选择将球传到对方半场的空当区域,以便接应球员能够接球并继续进攻。

在发球的过程中,进攻方需要注意以下几点:

观察:进攻方需要观察对方的防守情况,以便选择合适的发球方式和目标区域。这需要对对方的站位和防守方式有准确的判断。

速度:进攻方需要掌握合适的发球速度,以便能够迅速将球传到对方半场。太慢的发球容易被对方截断,太快则可能导致失误。

准确性:进攻方需要确保发球的准确性,以便接应球员能够顺利接球并继续进攻。这需要对球的落点有准确的判断和控制。

最后,将扑定点球和发球结合使用时,需要注意以下几点:

配合:守门员和进攻方需要密切配合,以便在对方射门时能够迅速做出反应并组织反击。这需要双方对比赛情况有准确的判断和及时的沟通。

策略:球队需要根据比赛情况选择合适的策略,以便更好地利用扑定点球和发球的机会。这需要根据对手的防守情况和本队的战术安排来制定合适的策略。总之,扑定点球和发球是足球比赛中的重要技术环节,将两者结合使用可以创造出更多的进攻机会并增强比赛的观赏性。球队需要根据比赛情况选择合适的策略和战术安排,以便更好地利用这两种技术。

第三节 学生的自我评价

学生对教学内容的主动学习始终是学好的关键,也就是说学习理应是一种主动性和自觉性的行为。令人欣慰的是,足球运动以其独特的魅力和价值深受学生们的喜爱,他们在课余时间也经常会参与到足球运动当中。因此,对于运动艺术视角下校园足球教学与训练的评价来说,一定不能忽视学生的自我评价,因为学生本人才是最清楚自身学习情况的人,别人无论通过何种测试方法都不能完全准确地得出。因此,掌握正确的自我评价方法,并使之成为校园足球教学与训练评价体系中的一部分就显得格外重要。

一、足球体适能的自我评价

对于足球体适能的自我评价,学生可以根据自己日常活动和训练算出相应的活动指数,然后再根据总得分(强度×时间×次数)区分体适能的类别(表7-1、表7-2),如果指数总得分低于40,学生应增加足球运动的训练时间、训练强度和训练次数。

表7-1 足球运动活动指数表

指标	分值	日常活动
时间	4	超过30分钟
	3	20~30分钟
	2	10~20分钟
	1	低于10分钟
强度	5	持续用力呼吸和出汗
	4	断续用力呼吸和出汗
	3	中度用力呼吸和出汗
	2	中等强度
	1	低强度
次数	5	每天或几乎每天都活动
	4	每周3~5次
	3	每周1~2次
	2	1月数次
	1	1月不超过1次

表7-2 足球运动体适能类别对比表

总得分	评价	体适能类别
100	积极活动的生活方式	优秀
80~100	活动的和健康的	良好
60~80	活动的	好

总得分	评价	体适能类别
40~60	较满意	一般
20~40	不很够	差
低于20	不活动	很差

二、足球基本技术的自我评价

足球运动基本技术是参与足球运动需要掌握的必不可少的技术,它是足球进阶技术的基础。拥有扎实的基本技术对学生理解和参与足球运动大有益处,因此,将此列入自我评价的内容中是很有必要的。

(一)颠球技术自我评价

1. 原地颠球

评价方法:学生连续进行颠球,球落地或手触球则颠球结束,以球碰触身体各部位次数的多少来评定成绩。

评价标准:做两次,取最好的一次成绩记录,得分参考表7-3。

表7-3　原地颠球评价参考标准

次数	50	40	30	25	20	15	13	11	9	7	5	3	2
得分	100	95	90	85	80	75	70	65	60	55	50	45	40

2. 行进间颠球

评价方法:学生用头、肩、胸、大腿、脚等部位进行向前行进、连续颠球,根据行进间连续颠球的距离长短计算成绩,球落地或手触球视为一次颠球结束,核定距离以最后一次明显控制住球的触球为准。

评价标准:做两次,取最好的一次成绩记录,得分参考表7-4。

表 7-4　行进间颠球评价标准

距离 （米）	40	38	36	34	32	30	28	36	34	22	20	18	16
得分	100	95	90	85	80	75	70	65	60	55	50	45	40

（二）运球技术自我评价

1. 运球绕杆射门

场地器材：一块足球场地；至少 1.5 米高的标志杆或标准桶；一个足球。

评价方法：在足球场罚球区线中点两侧 50 厘米处各画一条垂线。场地上插 6 根标杆，在右侧垂线上距罚球区线 2 米处插一根标杆，在距左侧垂线 2 米处插一根标杆，在距右侧垂线 2 米处插一根标杆，在距起点为 12 米处插一根标杆。标杆固定垂直插在地面上，插入深度不限，以学生碰杆不倒为宜。测试开始，学生从起点线开始运球，脚触球的一刻开表计时。运球逐个绕过杆后射门，球越过球门时停表。

评价标准：做两次，取最好的一次成绩记录。运球漏杆或未射入球门内的视为成绩无效。射中球门横木或立柱的可补测一次。

2. 接运球综合测试

场地器材：一块足球场地；一个足球。

评价方法：在球场上画两条相距 5 米的平行线，两条平行线的长度均在 5 米以上，规定一条线为起点线，测评开始，学生从起点线处抛球，球的落点必须在另一条线外，然后快速跑向落点并按照规定动作（双脚内侧、双脚脚背外侧、双脚脚前掌各一次）接反弹球后转身将球带回起点线，然后再抛、再接、再带，共往返 6 次。以第一次抛球到最后一次带球抵达起点线的总时间和学生对接运球动作技能来综合评定成绩。

评价标准：测两次，取最好的一次成绩记录，具体参考表 7-5。

表 7-5　接运球综合评价标准

时间	38′	38′5″	39′	39′5″	40′	40′5″	41′	41′5″	42′	42′5″	43′	43′5″	44′
得分	100	95	90	85	80	75	70	65	60	55	50	45	40

（三）踢定位球技术自我评价

1. 定位球传准

场地器材：一块平整的场地；一根 1.5 米高、插有彩色小旗的标志杆；一个足球。

评价方法：以标志杆为圆心，以 3 米和 6 米为半径分别画两个同心圆。以插有彩旗的标志杆作为传准的目标。根据学生水平的高低，两个同心圆的半径可适当地缩小或扩大。以 25 米长为半径，以插有彩旗的标志杆为圆心向任意方向画一条 25 米的长弧作传球限制线。测评开始，学生将球放在限制线上，用脚背内侧向圈里传球。

评价标准：观察学生踢出的球的第一落点，根据不同的落点位置给予相应的不同的分值。

2. 定位球踢准

场地器材：一块平整的场地；一面足球墙；一个足球。

评价方法：场地在距"足球墙"下沿中心 20 米处画一条平行于"足球墙"下沿的 3 米长的限制线。测评开始，学生将球放在限制线上，向足球墙踢球。注意可以擦着地面射到墙上，但不能踢地滚球。

评价标准：教练员根据学生的踢准情况进行成绩评定。

三、足球技战术综合能力的自我评价

技战术综合能力水平是衡量足球运动参与者的重要指标。而在校园足球中，对于学生的技战术能力的教学与训练占据了大多数时间。从实践的角度来考虑，学生的技战术能力是运动艺术视角下校园足球最为核心的评价内容。因此，为了更加客观和准确地了解自身足球技战术能力，就需要对相关内容开展自我评价。

在日常的运动训练中，学生可以通过多种等级评价和级别认定的标准对自己的接球能力、传球能力、运球能力、射门能力、防守能力等进行系统的自我评价，其自评方法具体如下。

（一）接球能力自我评价

学生的接球能力的自我评价等级及级别认定参考表 7-6。

表7-6 接球能力自我评价

等级	级别认定
优良	能按照接球技术动作的意识实施要求,在特定的比赛环境中正确理解运用接球超前性、战术性、风险性的配合要求,能巧妙地运用接球与传球的传接球技术动作,出色完成传接球配合,形成有默契的进攻性接球或按技术动作要领顺势过人,形成进攻前奏场景的接球
合格	能够按照一般的接球技术动作要求处理来球,接球同时,注意目标,有传球的意识,在对手逼迫的情况下也能完成接球动作,不失误
差	不能稳定地、稳妥地按动作技术要领接球,对来球判断失误、接球技术动作运用有误,导致失去控球权或让对方形成有威胁的进攻

(二)传球能力自我评价

学生的传球能力的自我评价等级及级别认定参考表7-7。

表7-7 传球能力自我评价

等级	级别认定
优良	传球脚法基本正确,在特定的比赛场景中传球时机、地域选择合理,动作规范,符合传球技术意识要领,队员接球顺利且默契,传球落点到位,有直接或间接的进攻威胁性
合格	传球技术动作基本正确,传球技术运用基本合理,有一定的对时空控制及相互配合的意识,能完成一般性的进攻推进或经传球后使本方的处境获得改善
差	技术动作出现变形,不符合传球技术意识,传球脚法、时机选择不当并造成准确性极差的传球,出现被对方截断给本队造成威胁的传球

(三)运球能力自我评价

学生的运球能力的自我评价等级及级别认定参考表7-8。

表 7-8 运球能力自我评价

等级	级别认定
优良	技术动作运用正确,有自己的动作特点,运球目标明确,战术意识强,时机掌握适当,能充分利用运球技术优势发起个人突袭性进攻,展现个人才华,能直接构成有威胁的进攻性运球
合格	能摆脱紧逼防守或在中前场摆脱防守干扰,为寻找合适的传球、射门机会而主动或被动发起运球。在运球的过程中,获得较好进攻机会与效果的可记入优良,如果主动运球造成严重失误记入下一等级
差	学生运球心态不正,爱表现,目的性不明确,战术意识差,运球时机选择有误,浪费有利运球时机或酿成险情,造成严重后果

(四)射门能力自我评价

学生的射门能力的自我评价等级及级别认定参考表 7-9。

表 7-9 射门能力自我评价

等级	级别认定
优良	能主动创造出或把握住赛场上的射门时机良好的射门机会,射门技术动作基本合理正确,行动果断。各种射门包括抢点、凌空射门、铲射、补射、抢点头顶球,无论是否进球,都应该算。其他如符合战术意识跑到位的有感觉的射门,也应该算
合格	能在一般情况下运用标准的常规性技术动作进行射门,在射门时能够做到一气呵成,能做出较为合理的各种射门动作,如顺势拨球起脚射门,跳起头球射门,能完成有质量的远距离射门
差	在封堵严密、射门死角、距离过长等情况下勉强射门,或者错过良好的射门时机等,射门时技术动作不合理,造成出球无力和射门射飞

(五)防守能力自我评价

学生的防守能力自我评价等级及级别认定参考表 7-10。

表 7-10 防守能力自我评价

等级	级别认定
优良	具有良好的防守意识,根据场上的需要,进行超前意识的抢位、占位、补位,在丢球后,能快速地、及时地明白自己所处的位置,延缓对方进攻或增强本队的防线,力争遏制对方的快速反击,在技术动作上能合理运用紧逼、堵截、抢断等技术,任何破坏对方进攻的行为都应视为成功的防守
合格	防守的跑位正确,有一定的防守意识,能做到合理的抢位、占位、补位,能通过场上正确的防守技术动作进行紧逼、堵截、抢断,延缓对方进攻速度,没有影响全局的防守失误
差	没有防守意识,反应迟钝,抢位和占位不及时,或抢位时发生与防守队员"重叠"现象,或在回撤时发生方向路线判断失误等,造成被对手抓住战机,利用出现的防守空隙,进行有效的、有威胁性的进攻

第八章　校园足球人才培养发展战略

第一节　校园足球人才培养研究

一、校园足球人才培养的概念与理论阐述

(一)校园足球人才培养的概念

校园足球人才培养是一个综合性的教育理念,旨在通过系统的足球教育和训练,全面提高学生的专业技能、身体素质、心理素质和团队协作能力等多方面的综合素质。这一概念不仅涵盖了教育领域,也涉及体育领域和人才培养领域,是全面提高学生综合素质和促进足球事业发展的重要途径。

校园足球人才培养注重学生的全面发展。在传统的教育观念中,体育教育往往被视为辅助学科,不被重视。但是,随着社会的发展和教育观念的转变,人们越来越认识到体育教育在学生综合素质培养中的重要性。校园足球人才培养注重培养学生的专业技能。在足球领域,专业技能是运动员必备的基本素质。同时,校园足球人才培养还注重培养学生的创新能力和创造力,鼓励学生在比赛中发挥自己的想象力和创造力,为我国的足球事业注入新的活力和动力。

校园足球人才培养注重培养学生的团队合作精神。在足球比赛中,团队合作是至关重要的。这种团队合作精神不仅有助于学生在比赛中取得更好的成绩,也有助于他们在未来的工作和生活中更好地适应团队合作的环境。

校园足球人才培养可以为我国的足球事业储备优秀的后备人才。这些优秀的青少年运动员将成为我国足球事业的中坚力量,为我国的足球事业注入新的活力和希望。这一概念不仅有助于提高学生的综合素质,也有助于推动我国足球事业的发展。因此,我们应该加强对校园足球人才培养的重视和支持,为我国的足球事业储备更多的优秀后备人才。

(二)校园足球人才培养的意义

1.促进学生全面发展

校园足球人才培养注重学生的全面发展,这一理念不仅关注学生的足球技能和身体素质的提升,更深入心理素质和团队协作能力的培养。这种综合性的培养方式对学生的未来发展具有深远的意义。

首先,从足球技能和身体素质的培养来看,校园足球为学生提供了广阔的实践平台。通过系统训练,学生的足球技能得到不断提高,身体素质也得到显著增强。这种技能的提升和体质的增强不仅使学生在足球比赛中取得优异成绩,更为他们的日常生活和未来的职业发展打下坚实的基础。

其次,心理素质的培养在校园足球人才培养中占有重要地位。足球比赛不仅是技术和体力的较量,更是心理的较量。这种心理素质的培养对学生未来的学习、工作和生活都具有积极的影响,使他们能够更好地应对各种挑战和压力。

最后,团队协作能力是现代社会中不可或缺的重要素质。校园足球通过训练和比赛,让学生学会与队友沟通、协作和配合,培养他们的团队意识和协作精神。这种团队协作能力的培养不仅有助于学生在足球比赛中取得更好的成绩,更为他们未来的团队合作打下基础,提高他们的社会适应能力和综合竞争力。

2.推动校园体育发展

校园足球人才培养不仅是推动校园体育发展的重要途径,也是培养学生综合素质、促进青少年健康成长的重要手段。

校园足球人才培养能够提高学生的身体素质和健康水平。足球是一项全身性的运动,通过参与足球训练和比赛,学生可以锻炼自己的肌肉力量、耐力和柔韧性等身体素质,也可以提高心肺功能和代谢水平,增强身体的免疫力和抵抗力。这种健康身体的锻炼不仅有益于学生的身体健康,也有助于提高他们的心理素质和自信心。

校园足球人才培养能够培养学生的团队合作精神和社交能力。在足球比赛中,团队合作是至关重要的。同时,参与足球活动也可以让学生结交更多的朋友,扩大自己的社交圈子,提高社交能力。此外,校园足球人才培养还可以培养学生的自信心和竞争意识。在足球比赛中,学生需要面对各种挑战和压力,学会如何应对失败和挫折。通过比赛的胜利和成就,学生可以获得自信心和自尊心,增强自己的竞争意识和拼搏精神。这种自信心和竞争意识不仅有益于学生在足球比赛中的表现,也有助于他们在未来的学习和工作中更好地应对挑战和竞争。

3. 储备优秀足球后备人才

校园足球人才培养对于我国足球事业的发展具有重要意义。通过系统的训练和培养,可以发掘和培养出一批具有潜力的青少年足球运动员,为我国的足球事业注入新的活力和希望。

首先,校园足球人才培养可以为我国足球事业提供源源不断的后备人才。足球是一项需要长期投入和培养的运动,而青少年时期是培养足球人才的关键时期。通过校园足球人才培养,可以为青少年提供专业的足球训练和指导,帮助他们掌握足球技能和战术意识,提高他们的竞技水平和比赛经验。这样,经过系统的训练和培养,一批优秀的青少年足球运动员将会涌现出来,成为我国足球事业的后备力量。

其次,校园足球人才培养有助于提高我国足球的整体水平。通过校园足球人才培养,可以培养出更多的优秀青少年足球运动员,这些球员将会在各级比赛中发挥出色的表现,提高我国足球的整体水平。同时,这些球员也会成为其他青少年球员的榜样和引领者,激励更多的青少年参与足球运动,推动我国足球事业的发展。

此外,校园足球人才培养还有助于提高我国青少年的身体素质和心理健康水平。足球运动是一项全身性的运动,可以锻炼青少年的肌肉力量、耐力和柔韧性等身体素质。同时,通过参与足球训练和比赛,青少年可以学会如何面对压力、挑战和失败,培养自己的自信心、决心和坚韧不拔的精神。这种身体素质和心理健康水平的提高不仅有益于青少年的健康成长,也有助于提高他们的社会适应能力和综合竞争力。

综上所述,校园足球人才培养是推动校园体育发展的重要途径。通过开展校园足球活动,可以激发学生对体育运动的兴趣和热爱,促进校园体育的普及和发展。同时,也可以提高学生的身体素质、团队合作精神和竞争意识等多方面的综合素质,为学生的未来发展打下坚实的基础。

(三)校园足球培养的原则

1. 教育性原则

校园足球,作为一项重要的教育活动,不仅仅是一项体育竞技,更是一种全面育人的方式。它的首要目标不仅仅是提高学生的体质健康水平,更重要的是培养健全的人格,塑造积极向上的精神风貌。在校园足球人才培养过程中,立德树人的教育理念是至关重要的。这意味着我们不仅要关注学生的技能提升,更要关注他们的品德培养。通过足球训练和比赛,学生可以学习到尊重规则、尊重对手、团结协作、坚持不懈等精神品质。这些品质不仅是足球运动所需要的,更是他们未来人生道路上的宝贵财富。在足球场上,团队合作是至关重要的。学生们需要学会与队友紧密配合,相互信任,共同为胜利而努力。同时,坚持不懈和勇于拼搏也是足球运动所倡导的重要品质。在比赛中,学生们需要面对各种困难和挑战,但他们必须坚持下去,努力拼搏,永不放弃。这种精神将激励他们在未来的人生道路上,无论遇到什么困难,都能积极面对,勇往直前。

2. 普及性原则

校园足球作为一项全民性的体育活动,其目标是让每一个学生都有机会参与到足球运动中来,享受足球带来的快乐,同时提高身体素质和足球技能。首先,学校应该提供充足的足球设施和资源,包括足球场地、球门、足球、训练器材等。这些设施不仅可以满足学生的训练需求,还可以吸引更多的学生参与到足球运动中来。同时,学校还应该提供专业的足球教练和教师,他们能够为学生提供专业的指导和帮助,提高学生的足球技能和身体素质。其次,学校应该组织丰富多彩的足球活动,包括足球比赛、足球训练营、足球讲座等。这些活动不仅可以吸引更多的学生参与,还可以让学生更好地了解足球运动,提高他们的兴趣和热情。同时,这些活动还可以为学生提供展示自己的机会,增强他们的自信心和竞争力。通过普及性的足球活动,学生可以不断提高自己的身体素质和足球技能,为他们的未来发展打下坚实的基础。此外,参与足球运动还可以培养学生的团队合作精神、沟通能力和自信心等非技能型素质,这些素质对学生的未来发展也具有重要意义。校园足球要面向全体学生,让每个学生都有机会参与到足球运动中来。学校应该提供充足的足球设施和资源,组织丰富多彩的足球活动,吸引更多的学生参与。

3. 系统性原则

校园足球训练的系统性原则是确保学生足球技能和竞技水平提升的关键。根据学生的年龄、性别、身体素质和技术水平等因素,制订科学系统的训练计划,能够确保学生在各个阶段都能得到适当的指导和帮助,逐步提高他们的足球技能和竞技水平。

首先,系统性训练需要考虑到学生的年龄和性别差异。不同年龄段的学生在身体发育、心理发展和技术掌握方面存在差异,因此需要针对不同年龄段的学生制订不同的训练计划。同时,男女学生在身体素质和技术要求方面也存在差异,因此需要根据性别制订不同的训练计划。其次,系统性训练需要考虑到学生的身体素质和技术水平。学生的身体素质是足球运动的基础,因此需要根据学生的身体素质制订相应的训练计划,提高学生的体能和耐力。同时,学生的技术水平也是足球运动的核心,因此需要根据学生的技术水平制订相应的训练计划,提高学生的技术水平和竞技能力。此外,系统性训练还需要注重训练的连贯性和长期性。足球技能的掌握需要时间和耐心,因此需要制订长期系统的训练计划,确保学生能够持续不断地学习和进步。同时,训练的连贯性也非常重要,需要确保各个阶段的训练内容相互衔接,形成一个完整的训练体系。最后,系统性训练还有助于发现和培养具有潜力的青少年足球运动员。通过系统的训练和评估,可以发现学生在足球方面的潜力和特长,进而针对他们的特点制订个性化的训练计划,为我国的足球事业储备优秀人才。

4. 实践性原则

实践性教学是校园足球中不可或缺的一部分。通过实践性教学,学生可以在真实的比赛环境中检验自己的技能水平和战术意识,从而更好地理解和掌握足球技能和战术。在实践型教学中,学生可以亲身参与比赛,体验比赛的紧张感和竞争性。通过比赛,学生可以了解自己在技能和战术方面的不足之处,进而有针对性地进行改进和提高。同时,比赛还可以培养学生的竞争意识和团队合作精神,让他们学会在比赛中与队友紧密配合,共同为胜利而努力。此外,实践型教学还可以帮助学生积累比赛经验。通过多次参与比赛,学生可以逐渐适应比赛的节奏和强度,提高自己的竞技水平,丰富自己的比赛经验。这些经验不仅对学生的足球技能和战术有重要的促进作用,还可以为他们的未来学习和工作做好准备。校园足球要注重实践性教学,让学生在真实的比赛环境中检验自己的技能水平和战术意识。实践性教学可以帮助学生更好地理解和掌握足球技能和战术,提高他们的竞技水平,并丰富比赛经验。同时,通过比赛的实践,学生还可以培养自己的竞争意识和团队合作精神,为未来的学习和工作做好准备。

二、校园足球人才培养影响因素

(一)培养体系和政策支持

校园足球人才培养需要有一个完善的培养体系和政策支持,这是确保足球人才培养质量和效果的关键。首先,制定明确的足球人才培养目标和计划是至关重要的。这需要结合学校实际情况和学生特点,制定科学合理的培养目标和计划,明确培养方向和重点,确保培养工作的针对性和实效性。其次,提供充足的足球设施和资源是保障培养工作顺利进行的基础。学校应该加大对足球设施和资源的投入,建设完善的足球场地、训练器材等,确保学生能够得到充分的训练和比赛机会。此外,鼓励和支持学生参与足球训练和比赛也是非常重要的。学校可以通过举办各种形式的足球活动、比赛等,吸引更多的学生参与,提高他们的兴趣和热情。同时,学校还可以提供相应的奖励和支持,鼓励学生积极参与训练和比赛,提高他们的竞技水平和比赛经验。最后,完善的管理和监督机制也是保障培养工作顺利进行的重要环节。学校应该建立完善的足球管理机构和监督机制,确保培养工作的规范化和科学化。同时,学校还应该加强对教练团队的管理和监督,确保教练团队的专业性和教育质量。

(二)教练团队素质

教练团队在校园足球人才培养中扮演着至关重要的角色。优秀的教练团队不仅具备专业的足球技能和知识,还能够为学生提供科学、系统的指导和训练,帮助学生提高足球技能和竞技水平。

优秀的教练团队具备深厚的足球理论知识和实践经验。他们能够根据学生的实际情况和需求,制订个性化的训练计划,帮助学生找到自己的优势和不足,进而进行有针对性的训练。同时,他们还能够根据比赛和训练中的情况,及时调整训练计划,确保学生能够在最短的时间内提高自己的技能和竞技水平。

优秀的教练团队还具备良好的文化素质和教育水平。他们不仅关注学生的足球技能训练,还注重学生的全面发展。他们能够通过言传身教,培养学生的团队合作精神、竞争意识、自律精神等非技能型素质,帮助学生更好地适应社会和未来的学习和工作。此外,优秀的教练团队还能够为学生提供全面的教育服务。他们不仅关注学生的足球技能训练,还注重学生的品德教育和心理健康教育,他们能够通过与家长的沟通和合作,共同关注学生的成长和发展,为学生提供全面的教育支持。

优秀的教练团队是校园足球人才培养的关键因素。同时,他们还具备良好的文化素质和教育水平,能够提供全面的教育服务。只有建设一支优秀的教练团队,才能为我国的校园足球事业培养出更多的优秀人才。

(三)学生参与度和兴趣

学生参与度和兴趣是校园足球人才培养的核心要素。只有当学生对足球运动产生浓厚的兴趣,并积极参与到训练和比赛中,他们才能真正提高自己的技能和竞技水平。首先,兴趣是激发学生参与足球运动的内在动力。当学生对足球产生浓厚的兴趣时,他们会更加主动地参与到训练和比赛中,愿意付出更多的时间和精力去学习和提高。这种主动性和积极性会让他们更加专注,更加努力地训练和比赛,从而更容易提高自己的技能和竞技水平。其次,参与训练和比赛是提高学生技能和竞技水平的重要途径。通过参与训练和比赛,学生可以不断地实践和锻炼自己的技能,积累比赛经验。同时,他们还可以通过与队友的配合和竞争,提高自己的团队合作精神和竞争意识。这种实践经验和团队合作能力对于学生的未来发展具有重要意义。此外,学校和社会也应该为学生参与足球运动提供更多的机会和支持。学校可以组织各种形式的足球活动和比赛,鼓励学生积极参与;社会也可以提供更多的足球资源和平台,让学生有更多的机会展示自己的才华。

(四)社会环境和资源

社会环境和资源对于校园足球人才培养具有深远影响。一个良好的社会环境和资源可以为校园足球提供广阔的发展空间和丰富的资源,为学生提供更多的机会和平台,让他们更好地展示自己的才华。

社会环境和资源为校园足球提供了丰富的物质保障。良好的社会环境和资源可以为学生提供更好的足球场地、训练器材、比赛装备等,确保学生能够得到充分的训练和比赛机会。同时,社会环境和资源还可以为校园足球提供更多的资金支持,用于改善训练条件、提高教练团队水平、举办各种形式的比赛等,进一步推动校园足球的发展。社会环境和资源为校园足球提供了更多的机会和平台。良好的社会环境和资源可以为学生提供更多的比赛机会、展示平台和交流平台,让学生有机会参加各种级别的比赛、展示自己的才华、与同行交流学习。这些机会和平台可以让学生更好地了解自己的技能水平和竞技状态,及时调整训练计划和比赛策略,进一步提高自己的技能和竞技水平。此外,社会环境和资源还可以为校园足球提供更多的文化氛围和社会支持。良好的社会环境和资源可以营造浓厚的足球文化氛围,让学生更加热爱足球运动、更加自信地展示自己的才华。同时,社会环境和资源还可以为校园足球提供更多的社会关注和支持,让更多的人了解校园足球、关注校园足球、支持校园足球的发展。

(五)学校文化氛围

一个注重体育教育、积极推广足球运动的学校文化氛围,可以为学生提供更加良好的足球训练和比赛环境,激发他们对足球的热爱和兴趣,从而积极参与足球训练和比赛。首先,学校文化氛围可以营造出一种积极的足球氛围。如果学校注重体育教育,将足球作为重要的体育项目之一,通过各种途径和渠道宣传足球运动的价值和意义,让学生了解到足球对于身体健康、技能培养和社交能力的重要性,从而更容易让学生产生对足球的热爱和兴趣。其次,学校文化氛围可以为学生提供更加系统的足球训练和比赛机会。如果学校有完善的足球训练和比赛计划,以及相应的教练团队和设施设备,可以让学生更好地了解足球的技战术和比赛规则,更加系统地进行训练和比赛。同时,学校还可以与其他学校或俱乐部进行交流和比赛,让学生有机会参加更高水平的比赛和交流活动,进一步提高学生的技能和竞技水平。此外,学校文化氛围还可以培养学生的团队合作精神和竞争意识。在足球训练和比赛中,学生需要与队友紧密配合、共同努力,争取取得更好的成绩。这种团队合作精神和竞争意识不仅可以让学生在足球领域得到提高,还能够在未来的学习和工作中发挥积极作用。

学校的文化氛围对校园足球人才培养具有重要影响。只有当学校注重体育教育、积极推广足球运动，营造浓厚的足球文化氛围时，学生才更容易受到感染和熏陶，从而积极参与足球训练和比赛。因此，我们应该加强学校文化氛围的建设和管理，为校园足球提供更加良好的发展环境和条件。

三、校园足球人才培养策略

(一)建立科学的训练体系

首先，目标应该明确、具体，能够量化评估。例如，可以设定在一定时间内提高学生的技术水平、战术理解能力、比赛经验等方面的目标。同时，目标应该具有可操作性，能够根据学生的实际情况进行调整和优化。其次，计划应该系统、科学，能够逐步提高学生的技能和战术水平。计划应该包括训练内容、训练方法、训练时间等方面的安排。在制定目标和计划的过程中，需要充分考虑学生的实际情况和需求。不同年龄段、不同技术水平的学生需要不同的训练方案。因此，应该根据学生的实际情况和需求，提供个性化的训练方案。例如，对于技术水平较低的学生，可以重点加强基础技术的训练；对于技术水平较高的学生，可以重点提高战术理解和比赛经验等方面的能力。此外，还要确保训练的科学性和系统性。足球运动是一项复杂的运动项目，需要遵循一定的规律和特点。因此，在制订训练计划和方案时，应该遵循足球运动的规律和特点，采用科学化的训练方法和手段。例如，可以采用先进的科技手段进行数据分析，了解学生的技术水平和体能状况，从而制订更加科学、系统的训练计划。

(二)注重基础训练

足球运动是一项对基本功要求极高的运动项目，因此注重基础训练是提高球员技能和竞技水平的关键。在足球训练中，基础训练包括传球、控球、射门等基本技能，这些技能是球员在比赛中发挥出色表现的基础。传球是足球运动中最基本、最重要的技能之一。球员需要掌握准确的传球技巧，包括长传、短传、头顶传球等，以便在比赛中能够准确地将球传递给队友。通过反复、系统的传球训练，球员可以提高自己的传球准确性和速度，从而更好地适应比赛的节奏和强度。控球是足球运动中非常重要的技能之一。球员需要掌握准确的控球技巧，包括脚背控球、脚内侧控球、胸部控球等，以便在比赛中能够自如地控制球权。通过反复、系统的控球训练,球员可以提高自己的控球能力和反应速度,从而更好地应对对手的抢断和防守。射门是足球运动中最具攻击性的技能之一。球员需要掌握准确的射门技巧,包括脚弓射门、脚背射门、头球射门等,以便在比赛中能够准确地攻破对手的防线。通过反复、系统的射门训练,球员可以提高自己的射门准确性和力量,从而更好地把握比赛中的得分机会。

(三)建立完善的竞赛体系

建立完善的竞赛体系是校园足球人才培养的重要环节。首先,要制定合理的竞赛计划和规则。针对不同年龄段、不同技术水平的学生,可以设置不同的联赛和锦标赛级别,每个级别都有相应的规则和限制,确保比赛的公平性和竞争性。同时,要合理安排比赛时间和地点,确保比赛的顺利进行。其次,要加强对比赛的管理和监督。对于比赛中的违规行为和不良风气,要及时进行处理和纠正。同时,要加强对比赛的宣传和推广,吸引更多的学生参与和观看比赛。最后,要鼓励学生积极参与比赛。通过比赛可以让学生更好地了解自己的技能水平和不足之处,从而有针对性地进行训练和提高。同时,比赛还可以培养学生的团队合作精神和竞争意识,让他们在比赛中成长和进步。建立完善的竞赛体系可以为校园足球提供更多的比赛机会和平台,让学生通过比赛锻炼技能、积累经验,提高自己的竞技水平。

(四)加强与职业俱乐部的合作

与职业俱乐部建立合作关系是校园足球人才培养的又一重要策略。这种合作可以为学生提供更多的实践机会和职业发展指导,帮助他们更好地了解足球职业化的要求和挑战。与职业俱乐部合作可以为学生提供更多的实践机会。学生可以在职业俱乐部的训练基地进行实践训练,接触和学习到更高水平的足球技术和战术。与职业球员的交流和互动可以帮助学生更好地了解足球职业化的要求和挑战。职业球员在比赛中积累了丰富的经验和技巧,他们的成功经历和心得体会对于学生来说是无价的财富。通过与职业球员的交流和互动,学生可以了解职业足球的竞技水平、训练方法和职业素养等方面的要求,从而更好地规划自己的职业发展道路。与职业俱乐部建立合作关系可以为校园足球人才培养提供更加广阔的平台和更加丰富的资源。这种合作不仅可以提高学生的足球技能和竞技水平,还可以帮助他们更好地了解足球职业化的要求和挑战,为他们的未来发展打下坚实的基础。

(五)强化文化教育

在培养足球技能的同时,注重学生的文化教育同样重要。足球不仅仅是一项运动,更是一种教育方式,可以帮助学生树立正确的价值观、人生观和世界观。首先,足球可以培养学生的团队合作精神和竞争意识。在比赛中,球员需要与队友紧密配合,共同努力,争取取得胜利。其次,足球可以培养学生的毅力和耐力。在训练和比赛中,学生需要付出大量的汗水和努力,才能不断提高自己的技能和竞技水平。这种毅力和耐力不仅可以帮助学生在足球领域取得成功,还可以让他们在生活中更加坚强和自信。最后,足球可以培养学生的综合素质和社会责任感。通过参与足球活动和比赛,学生可以磨炼自己的身体和意志,提高自己的综合素质。同时,他们也可以通过参与社会公益活动,了解社会问题和挑战,培养自己的社会责任感。

四、校园足球人才培养体系

(一)校园足球人才培养体系的特点

1. 全面性

校园足球人才培养体系强调全面发展,不仅关注学生的足球技能和竞技水平的提高,还注重学生的身体、技术、战术、心理、道德等方面的全面发展。在身体方面,校园足球训练体系注重提高学生的身体素质和体能水平。通过科学合理的训练计划和训练方法,帮助学生增强力量、速度、耐力、柔韧性和协调性等身体素质,为他们在比赛中发挥出更好的水平打下坚实的基础。在技术方面,校园足球训练体系注重提高学生的足球技能和技巧。通过系统的技术训练,帮助学生掌握正确的技术动作和技巧,提高他们的技术水平和比赛能力。在战术方面,校园足球训练体系注重增强学生的战术意识和战术素养。通过战术训练和比赛实践,帮助学生了解足球比赛的规律和特点,掌握正确的战术方法和策略,提高他们的比赛水平和团队协作能力。在心理方面,校园足球训练体系注重提高学生的心理素质和抗压能力。通过心理训练和辅导,帮助学生培养自信、坚韧、自律等良好的心理素质,提高他们在比赛中的应对能力和应变能力。在道德方面,校园足球训练体系注重培养学生的道德品质和社会责任感。通过教育和引导,帮助学生树立正确的价值观和道德观念,培养他们的团队合作精神和社会责任感,为他们的未来发展打下良好的基础。

2. 长期性

校园足球人才培养体系注重学生的长期发展,不仅仅关注短期的比赛成绩,更注重学生的长期成长和进步。通过长期的训练和实践,学生可以逐步提高自己的足球水平和综合能力。在训练过程中,学生不仅需要掌握基本的足球技能和战术,还需要培养良好的身体素质、心理素质和团队合作精神。这些素质的培养需要时间和耐心,需要教练和学生共同努力。同时,校园足球人才培养体系也注重学生的个性化发展。

3. 基层性

基层学校是校园足球人才培养体系的重要平台之一。同时,学校还可以通过选拔机制,发现具有潜力的青少年足球人才,为他们提供更好的培训和发展机会。俱乐部也是校园足球人才培养体系的重要平台之一。俱乐部通过开展专业的足球训练和比赛,提高青少年的足球技能和竞技水平。同时,俱乐部还可以通过与职业俱乐部的合作,为青少年提供更多的比赛机会和职业发展指导,帮助他们更好地了解足球职业化的要求和挑战。

校园足球人才培养体系以基层学校和俱乐部为平台,通过普及足球活动,发掘和培养具有潜力的青少年足球人才。这种培养方式不仅可以提高学生的足球技能和竞技水平,还可以培养他们的团队合作精神、竞争意识和社会责任感,为他们的未来发展打下坚实的基础。

4. 多元化

校园足球人才培养体系是一个多层次、多类别的系统,涵盖了从基层学校到职业俱乐部等多个层面。首先,学校联赛是校园足球人才培养体系的基础。通过组织各级别的学校联赛,可以让学生参与足球比赛,积累比赛经验,提高足球技能水平。同时,学校联赛还可以为基层学校提供展示和交流的平台,促进学校之间的合作与交流。其次,俱乐部训练是校园足球人才培养体系的重要环节。俱乐部通常拥有专业的教练团队和先进的训练设施,可以为青少年提供更加系统和专业的足球训练。最后,职业队选拔是校园足球人才培养体系的最高层次。通过选拔机制,具有潜力的青少年球员可以进入职业队,接受更加专业和系统的训练。职业队的训练和比赛可以进一步提高学生的足球技能和竞技水平,也可以为他们未来的职业发展提供更多的机会和挑战。

(二)校园足球人才培养体系的构成

1. 基础教育阶段

在基础教育阶段,学校应积极开展足球活动,普及足球知识,提高学生的足球兴趣和技能。这不仅有助于丰富学生的课余生活,还能培养他们的团队合作精神和竞争意识。为了实现这一目标,学校可以采取多种措施。首先,可以开设足球课程,让学生了解足球的基本规则和技巧。通过系统学习,学生可以掌握足球的基本技能,为后续的比赛和训练打下基础。其次,学校可以组织班级、年级和校际足球比赛。这些比赛不仅可以为学生提供展示自己足球能力的舞台,还能促进他们之间的交流和合作。通过比赛,学生可以磨炼自己的意志品质,提高自己的竞技水平,也能增强他们的团队合作精神和竞争意识。此外,学校还可以邀请专业的足球教练或退役球员来校进行指导和培训。

2. 俱乐部培训阶段

在学校教育的基础上,学生可以选择加入足球俱乐部,接受更为专业系统的训练。俱乐部可以根据学生的实际情况,制订个性化的培训计划,帮助他们进一步提高足球技能和综合素质。通过俱乐部的训练,学生可以进一步提高自己的足球技能和竞技水平,为未来的职业发展打下坚实的基础。同时,俱乐部还可以根据学生的实际情况,制订个性化的培训计划。每个学生的身体条件、技术特点、兴趣爱好都不同,因此需要针对每个学生的特点制订个性化的培训计划和方案。通过个性化的培训,学生可以更好地发挥自己的优势,提高自己的足球水平和综合素质。

3. 职业队选拔阶段

在俱乐部培训的基础上,优秀的青少年足球人才可以进入职业队接受更高水平的训练。这是校园足球人才培养体系的重要环节,也是青少年足球人才成长的必经之路。职业队应关注学生的长期发展,为他们提供充分的比赛和锻炼机会。在职业队,学生可以接触到更高级别的教练团队和训练设施,接受更为专业和系统的足球训练。同时,职业队还可以为学生提供更多的比赛机会,让他们在比赛中积累经验,提高自己的竞技水平。此外,职业队还应关注学生的心理健康和成长。在训练和比赛中,学生可能会遇到挫折和困难,职业队应提供心理辅导和支持,帮助他们克服困难,保持积极的心态。

4. 政策支持与保障

政府在校园足球的发展中扮演着重要的角色。首先,政府应提供资金支持。资金是校园足球发展的关键因素之一。政府可以通过设立专项资金,用于支持校园足球的发展,包括购买设备、培训教练、组织比赛等。此外,政府还可以通过提供税收优惠等政策措施,鼓励企业和社会组织对校园足球的投入。其次,政府应提供场地支持。足球场地是校园足球活动的基础设施之一。政府可以通过建设更多的足球场地、提供场地维护和管理等方面的支持,为青少年提供更多的踢球机会。此外,政府还应提供师资支持。优秀的教练是培养青少年足球人才的关键因素之一。同时,政府应建立完善的选拔、培养和竞赛体系。

第二节 校园足球发展战略研究

一、校园足球发展战略的概念与特点

(一)校园足球发展战略的概念

校园足球发展战略是指在学校范围内,以足球运动为载体,通过系统性的教学、训练和活动安排,实现学生体质健康、运动技能提高、健全人格培养以及足球后备人才储备的多重目标。这一战略的概念旨在将校园足球打造成为一项全面提升学生素质、推动教育改革的重要体育项目。首先,校园足球发展战略注重足球运动的普及和推广。通过开设足球课程、组织足球活动、举办足球比赛等方式,让学生广泛参与足球运动,培养学生对足球的兴趣和爱好。这不仅能够丰富学生的课余生活,还能让学生在运动中锻炼身体、提高体质。其次,校园足球发展战略强调足球技能的培养和提高。通过系统的训练和指导,让学生掌握足球的基本技能和战术,提高学生的足球竞技水平。这不仅有助于提高学生的运动技能,还能为学生日后参与足球赛事、实现职业发展打下坚实的基础。再次,校园足球发展战略注重学生的综合素质培养。足球运动不仅是一项体能和技能的运动,更是一种团队合作、沟通协调、意志品质的锻炼。

通过校园足球活动,可以培养学生的团队合作精神、竞争意识和意志力,帮助学生塑造积极向上、乐观开朗的人格品质。此外,校园足球发展战略还关注足球后备人才的培养。通过建立选拔机制和人才库,发现具有潜力的青少年足球人才,为他们提供专业的培训和个性化的发展计划。这有助于为我国足球事业储备优秀的后备人才,为提升国家足球水平贡献力量。最后,校园足球发展战略需要政府、学校、社会等各方的支持和配合。政府应加大对校园足球的投入,提供资金支持、政策优惠等措施;学校应重视校园足球的发展,提供场地设施、师资力量等资源;社会各界也应积极参与校园足球活动,为校园足球提供赞助和支持。

(二)校园足球发展战略的特点

1.多元化发展

校园足球的发展确实远远超出了单纯培养优秀足球运动员的范畴。它更像一个综合性的教育平台,以足球为媒介,让学生在参与中体验到运动的乐趣,提升技能,更重要的是培养他们的团队协作精神和竞争意识。为了满足不同学生的多样化需求,学校设计了多种发展路径。校队是其中的一部分,它为那些具有较高足球水平的学生提供了展示和进一步提升自己能力的舞台。但校园足球并非只是尖子生的游戏,班级足球活动让每一个学生都能在日常的学习生活中接触到足球,感受到它带来的快乐。这些活动不仅丰富了学生的课余生活,也增强了班级之间的凝聚力。校内联赛则提供了一个更为竞技的平台。学生通过参与联赛,可以在实战中检验自己的技能,学会如何面对挑战和压力。联赛的竞技性也激发了学生的竞争精神,让他们更加珍惜每一次训练和比赛的机会。对于那些展现出特长和潜力的学生,学校更是给予了特别的关注。他们会被选拔进入更高级别的训练体系,接受更为专业和系统的指导。同时,学校也会积极为他们寻找各种比赛机会,让他们能够在更大的舞台上展现自己,这种多层次的校园足球发展模式,不仅满足了学生的不同需求,也让他们在参与足球的过程中收获了成长和快乐。更重要的是,它培养了学生的兴趣,为他们未来的全面发展打下了坚实的基础。

2.强调足球素养教育

校园足球的发展不仅关注学生在足球技术层面的提升,更着重于培养他们的足球素养。其中包括了技术的熟练、战术的运用,比赛的意识以及团队合作的精神等多个方面。首先,技术是足球运动的基础。学校通过系统地训练和指导,帮助学生掌握各种足球基本技术,如传球、射门、控球、防守等。这些技术的掌握不仅提高了学生的足球水平,也增强了他们的自信心和成就感。其次,战术的运用在足球比赛中至关重要。学校教授学生如何根据比赛形势灵活运用不同的战术,如进攻、防守、定位球等。通过学习战术,学生可以更好地理解足球比赛的规律,提高比赛的胜算。此外,培养学生的比赛意识也是校园足球发展的重要一环。学校通过模拟比赛、分析比赛录像等方式,让学生了解比赛中的各种情况和应对策略。这有助于学生在实际比赛中更快地做出正确的决策,提高他们的应变能力和比赛经验。而团队合作是足球运动中不可或缺的精神。学校通过集体的训练和比赛,让学生体验到团队合作的重要性。这种团队合作精神的培养不仅有助于学生在足球领域取得成功,也对他们未来的生活和职业发展具有积极的影响。

3. 政府支持

政府在校园足球的发展中扮演着举足轻重的角色。为了推动校园足球的普及和提高青少年足球水平,政府需要加大对校园足球的支持力度,提供全方位的支持。

政府需要提供资金支持。校园足球的发展需要大量的资金投入,包括基础设施建设、教学设备采购、教练培训、比赛组织等方面的费用。政府可以通过设立专项资金,为校园足球提供稳定的资金来源,确保项目的顺利实施。

政府需要提供场地支持。足球场地是校园足球活动的基础设施之一,也是学生参与足球运动的重要保障。政府可以投资建设更多的足球场地,提供优质的场地维护和管理,确保学生有足够的场地进行训练和比赛。

政府需要提供师资支持。优秀的教练是培养青少年足球人才的关键因素之一。政府可以通过培训和引进优秀的教练,提高校园足球的教学水平和质量。同时,政府还可以设立专门的足球教师培训项目,为学校提供专业、系统的教练培训,确保学生得到专业的指导和教学。

政府还需要建立完善的选拔、培养和竞赛体系。选拔机制可以确保具有潜力的青少年足球人才得到更好的培养和发展机会。培养体系可以为学生提供系统的训练和指导,帮助他们提高足球技能和综合素质。竞赛体系可以为学生提供更多的比赛机会,提高他们的竞技水平和团队合作精神。

政府在校园足球的发展中扮演着重要角色。通过加大对校园足球的支持力度,提供资金、场地、师资等方面的支持,建立完善的选拔、培养和竞赛体系,政府可以为青少年足球人才的成长提供良好的环境。这将有助于推动校园足球的发展和提高青少年足球水平,为我国的足球事业做出更大的贡献。

4.社会参与

随着社会对青少年健康和全面发展的日益关注,校园足球作为一项重要的体育项目,也得到了越来越多的社会各界的关注和支持。企业和社会组织在校园足球的发展中发挥着重要的作用。他们通过赞助和支持校园足球活动,为青少年足球的发展提供了重要的资金和资源支持。这些赞助和支持不仅包括资金投入,还包括提供场地、设备、教练等各方面的支持,为校园足球的发展提供了有力的保障。企业和社会组织的参与,不仅推动了校园足球的发展,也提高了青少年足球的水平。他们通过提供专业的指导和培训,帮助学生更好地掌握足球技能和战术,提高他们的竞技水平。同时,他们的参与也促进了校园足球的普及和推广,让更多的学生了解和参与到足球运动中来。此外,企业和社会组织的参与还为青少年足球人才的培养提供了更多的机会和平台。他们通过与学校合作,共同开展足球训练和比赛活动,为学生提供更多的实践机会和展示平台。这些机会和平台有助于发现和培养具有潜力的青少年足球人才,为我国的足球事业储备更多的优秀人才。

二、我国校园足球发展战略的制定

(一)明确战略目标

明确校园足球的发展目标是至关重要的。发展目标不仅为校园足球提供了明确的方向,还为制定有针对性的战略和措施提供了基础。短期目标通常是具体的、可衡量的,并且能够在短时间内实现的。长期目标则是更为宏大的、需要长期努力才能实现的。例如,培养优秀足球人才、推动校园足球普及等都是长期目标。明确发展目标有助于制定有针对性的战略和措施。例如,如果目标是提高青少年足球水平,那么可以制订针对性的训练计划和比赛策略,提供专业的教练指导和培训。如果目标是培养优秀足球人才,那么可以设立专门的足球培训基地,选拔具有潜力的青少年进行系统性的培养。

(二)深入调研和分析

在制定校园足球发展战略之前,深入调研和分析是不可或缺的一步。只有通过全面了解校园足球的现状、存在的问题、发展的机遇和挑战,才能为制定科学合理的战略提供有力的依据。首先,对校园足球的现状进行调研。这包括了解当前校园足球的普及程度、参与人数、基础设施状况、师资力量、比赛水平等方面的信息。通过与学校、学生、教练和家长等各方的交流,可以深入了解校园足球的实际状况,为制定战略提供第一手资料。其次,对校园足球存在的问题进行深入分析。这包括分析当前校园足球发展中的瓶颈、挑战和困难,如资金投入不足、场地设施不完善、教练水平不高、比赛机会不足等问题。通过问题分析,可以明确需要改进和优化的方面,为制定有针对性的战略提供依据。同时,还要对校园足球发展的机遇和挑战进行全面了解。这包括分析国内外足球发展的趋势、政策环境、市场需求等方面的信息。通过了解外部环境,可以把握校园足球发展的机遇,应对可能出现的挑战,为制定战略提供参考。最后,通过调研和分析获得真实的数据和信息,可以为制定战略提供有力的依据。这些数据和信息可以帮助决策者了解校园足球的实际状况和发展需求,从而制定出更加科学合理的战略和措施。

(三)制定总体战略

在明确目标和深入调研的基础上,制定校园足球的总体战略是推动校园足球长期发展的关键环节。总体战略应该包括指导思想、发展原则、主要任务和保障措施等,以指导校园足球的长期发展。首先,制定校园足球的总体战略需要明确指导思想。指导思想是校园足球发展的基本理念和价值观,应该注重学生的全面发展、健康教育和体育精神的弘扬。通过明确的指导思想,可以引导校园足球朝着正确的方向发展。其次,制定总体战略需要遵循一定的发展原则。这些原则应该包括科学性、系统性、可持续性和创新性等。科学性原则要求制定战略时充分考虑校园足球发展的规律和特点,确保战略的科学性和可行性。系统性原则要求从整体出发,全面考虑校园足球发展的各个方面,确保战略的全面性和协调性。可持续性原则要求考虑长远发展,确保战略的长期稳定性和可持续性。创新性原则要求鼓励创新思维和方法,推动校园足球的改革和发展。在明确指导思想和遵循发展原则的基础上,制订校园足球的主要任务和保障措施。主要任务应该包括提高青少年足球水平、培养优秀足球人才、推动校园足球普及等。为了实现这些任务,需要制订具体的行动计划和措施,如加强基础设施建设、提高教练员素质、推广足球文化等。同时,还需要建立相应的保障措施,如提供资金支持、加强政策引导、建立合作机制等,以确保战略的有效实施。

(四)制订具体行动计划

根据总体战略,制订具体行动计划是实现战略目标的关键步骤。行动计划应该包括短期和长期的具体目标、任务、措施和时间表等,以确保战略的有效实施。短期目标应该是具体的、可衡量的,并且能够在短时间内实现的。例如,提高青少年足球水平可以通过设定短期目标,如提高技术水平、增强体能、培养比赛意识等。这些短期目标可以通过制订具体的训练计划、组织定期的技能培训和比赛活动等方式来实现。长期目标则是更为宏大的、需要长期努力才能实现的。例如,培养优秀足球人才、推动校园足球普及等都是长期目标。这些目标需要制定长期的发展规划,包括加强足球基础设施建设、提高教练员素质、推广足球文化等。长期目标的实现需要持续的努力和投入,需要政府、学校、企业和社会各界的共同参与和支持。行动计划应该具有可操作性和可衡量性。可操作性要求行动计划具体明确,能够指导实际工作。可衡量性要求行动计划设定具体的指标和标准,以便对实施效果进行评估和调整。

(五)建立合作机制

校园足球的发展不仅仅是一个体育项目,更是关乎青少年健康、教育和全面发展的重要议题。因此,它需要政府、学校、企业和社会各界的共同参与和支持。而要实现这种广泛的参与和支持,建立合作机制至关重要。政策支持是推动校园足球发展的关键。政府可以通过制定相关政策,为校园足球提供资金、场地、师资等方面的支持。同时,政府还可以通过政策引导,鼓励学校、企业和社会各界积极参与校园足球的发展。资金投入是推动校园足球发展的基础。学校可以通过设立专项资金,为校园足球提供稳定的资金来源。同时,企业和社会组织也可以通过赞助和支持,为校园足球提供资金支持。此外,资源共享也是推动校园足球发展的重要方面。学校、企业和社会各界可以共享场地、设备、教练等资源,为校园足球提供更好的条件。同时,各方还可以共享信息和经验,共同推动校园足球的发展。人才培养是推动校园足球发展的核心。学校可以设立专门的足球课程,提供专业的教练培训,提高学生的足球技能和综合素质。同时,企业和社会组织也可以通过提供实践机会和培训项目,为青少年足球人才的培养提供更多的支持和帮助。

(六)持续评估和调整

在实施校园足球发展战略的过程中,持续评估和调整是至关重要的。这不仅有助于了解战略实施的效果和存在的问题,还可以根据新的形势和发展需求进行及时的调整和改进。评估校园足球发展战略实施的效果可以通过多种方式进行。例如,可以定期收集和分析数据,了解青少年足球水平的提高情况、参与足球活动的人数变化、足球基础设施的建设情况等。此外,还可以通过调查和访谈,了解学生、教师、家长和社区对校园足球发展的看法和建议。在评估过程中,如果发现存在一些问题,如资金不足、师资力量薄弱、学生参与度不高等,需要及时进行调整和改进。例如,可以调整资金分配方案,吸引更多的企业和社会组织参与支持;加强师资培训,提高教练水平和教学质量;开展多样化的足球活动,鼓励学生积极参与等。同时,随着时代的发展和变化,校园足球发展战略也需要进行修订和完善。例如,随着科技的发展,可以利用新的技术和手段提高足球训练和比赛的效率;随着社会对青少年健康的关注增加,可以加大足球活动的安全保障和健康教育的力度;随着足球文化的普及和传播,可以推广足球文化,增强校园足球的影响力和凝聚力等。

三、我国校园足球发展的战略措施

(一)建立完善的组织架构和制度体系

建立全国性的校园足球管理机构是推动校园足球发展的关键举措。这个机构将负责制订和实施校园足球发展计划,确保校园足球的规范化和有序发展。首先,全国性的校园足球管理机构将负责制订全面的校园足球发展计划。这个计划将包括短期和长期的发展目标、具体任务和措施,以及时间表等。通过制订明确的计划,可以确保校园足球的发展方向清晰、目标明确。其次,建立健全的制度体系是确保校园足球规范化和有序发展的基础。这个制度体系将包括竞赛制度、教练员培训制度、运动员注册制度等。通过制定明确的竞赛规则和管理制度,可以确保比赛的公平、公正和有序进行;通过教练员培训制度,可以提高教练员的专业水平和教学能力;通过运动员注册制度,可以规范运动员的注册和管理,确保运动员的权益得到保障。最后,全国性的校园足球管理机构将负责监督和执行这些制度和计划。通过定期评估和检查,可以确保各项制度和计划的执行效果,及时发现问题并进行调整和改进。同时,这个机构还将与其他相关部门和组织密切合作,形成合力推动校园足球的发展。

(二)加强基础设施建设

加大对校园足球场地设施的建设投入,是推动校园足球发展的关键环节。一个良好的足球场地是青少年进行足球训练、比赛和活动的必要条件,也是培养他们对足球兴趣和热情的重要基础。因此,政府、学校和社会各界应该共同努力,加大对校园足球场地设施的建设投入。这包括对现有场地的升级改造、新建场地的规划和建设,以及配套设施的完善等。通过这些措施,可以确保每个学校都有符合标准的足球场地,为青少年提供良好的足球训练环境。一个良好的足球场地不仅要有宽敞的场地、平整的草坪和完善的设施,还要有良好的照明、音响和安全保障等条件。这样的场地可以提供舒适、安全和愉悦的训练环境,激发青少年对足球的兴趣和热情,提高他们的参与度和技能水平。加大对校园足球场地设施的建设投入,不仅可以推动校园足球的发展,还可以促进青少年的身心健康和全面发展。

(三)培养专业教练队伍

加强教练员培训,提高教练员的专业水平和教学能力,是推动校园足球发展的关键环节。一支高素质、专业化的教练队伍可以为青少年提供专业的足球训练指导,帮助他们更好地掌握足球技能和战术,提高他们的竞技水平和综合素质。因此,政府、学校和社会各界应该加大对教练员培训的投入力度。这包括提供专业的培训课程、邀请国内外知名教练举办讲座和指导、组织教练员参加国际交流活动等。通过这些措施,可以不断提高教练员的专业水平和教学能力,使他们能够更好地指导青少年的足球训练。同时,还需要加强对教练员的考核和评估,建立完善的激励机制和奖惩制度。对于表现优秀的教练员,应该给予相应的奖励和晋升机会;对于表现不佳的教练员,应该及时进行指导和帮助,提高他们的教学水平。加强教练员培训,提高教练员的专业水平和教学能力,是推动校园足球发展的关键环节,只有建立一支高素质、专业化的教练队伍,才能为青少年提供更好的足球训练指导,帮助他们更好地掌握足球技能和战术,提高他们的竞技水平和综合素质。

(四)开展多样化的足球活动

足球比赛是青少年展示自己技能、感受竞技氛围的重要平台。通过参加比赛,青少年可以与其他同龄人交流切磋,互相学习,提高自己的竞技水平和自信心。同时,比赛也可以激发青少年的竞争意识和团队精神,培养他们的拼搏精神和顽强意志。此外,训练营和夏令营等活动可以为青少年提供更加全面和系统的足球训练。在这些活动中,青少年可以接受专业的教练指导,学习足球的基本技能和战术,提高自己的身体素质和心理素质。最后,这些活动还可以为青少年提供更多的社交机会。在比赛中,他们可以结识更多的朋友和对手;在训练营和夏令营中,他们可以与来自不同地区、不同背景的青少年交流互动,拓宽自己的视野和思维方式。

综上所述,组织丰富多彩的足球比赛、训练营、夏令营等活动是激发青少年对足球的兴趣和热情,提高他们的参与度和技能水平的重要途径。这些活动不仅可以提高青少年的足球技能和竞技水平,还可以培养他们的团队合作精神、自律性和自信心等优秀品质。

参 考 文 献

[1]吴茂芹,冯国华.校园足球文化建设与后备人才的培养研究[M].长春:吉林出版集团股份有限公司,2023.

[2]麻雪田.校园足球比赛练习法:兼谈青少年足球后备人才培养[M].北京:北京体育大学出版社,2010.

[3]陈栋.校园足球科学化训练与后备人才的选拔与培养研究[M].北京:燕山出版社,2023.

[4]李培,李增民,段锐.从现代足球起源与传播看校园足球的功能与价值[J].体育学刊,2022,29(4):86-91.

[5]朱可,赵岷,李翠霞.新时代地方青少年校园足球发展探究[J].武术研究,2023,8(9):132-133.

[6]钱纪云.新时期我国校园足球可持续发展研究[J].体育风尚,2023(9):53-55.

[7]夏一冰."双减"政策背景下校园足球文化培育研究[J].辽宁体育科技,2023,45(5):11-16.

[8]杜磊.论校园足球背景下的高校足球教育改革[J].冰雪体育创新研究,2023(19):92-94.

[9]李倩,王晓琴,任波.共生理论视阈下校园足球可持续发展的现实困境与优化路径[J].冰雪体育创新研究,2023(19):62-64.

[10]肖嘉林,王艳艳.立德树人视域下高校校园足球文化浸润与长效机制的研究[J].当代体育科技,2023,13(30):163-166.

[11]迪力亚·迪力夏提,吕志伟.校园足球运动育人价值及其实现路径探究[J].拳击与格斗,2023(3):42-44.

[12]甄世光.如何在校园足球教学中培养学生的体育核心素养[J].学周刊,2022(18):172-174.

[13]张文博.有效开展校园足球教育的对策思考[J].智力,2020(14):44-45.

[14]游和仙.中学校园足球教学创新途径与策略探究[J].学苑教育,2021(25):61-62.

[15]穆萨·吾拉木,阿力木江·阿不都卡地尔.新时代体育强国理念下我国校园足球的发展理念及策略思考[J].体育风尚,2023(4):74-76.

[16]邓秀文,蔡艺,卿润斌,王璐.简析校园足球背景下小学足球教学方案的设计与实施[J].青少年体育,2021(5):46-48.

[17]曾伟刚.基于学生体能促进的校园足球教学实践研究[J].冰雪体育创新研究,2023(18):132-135.

[18]郑秋红.校园足球教学对大学生身体素质及心理素质健康发展的影响[J].中国学校卫生,2023,44(8):1116.

[19]袁鸿祥.核心素养导向的体育教学转型及实施策略——以足球课堂教学为例[J].体育科技,2023,44(4):158-160.

[20]王磊.校园足球教学中组合训练法的应用思路研究[J].冰雪体育创新研究,2023(15):33-35.

[21]孙东升.高中校园足球专项耐力训练探讨[J].新体育,2023(14):40-42.

[22]孙景辉.浅析小学校园足球"运球教学"的游戏设计方法[J].天天爱科学(教育前沿),2020(8):107.

[23]王克辉.区域特色发展规划下的校园足球建设[J].辽宁教育,2021(6):55-58.

[24]王政,黄晨.校园足球"满天星"训练营的运行机制建构研究[J].武术研究,2023,8(10):122-124.

[25]任兴琪.小学校园足球实施策略研究[J].基础教育论坛,2023(13):67-68.

[26]王国永.小学足球训练的基本路径和策略探讨[J].冰雪体育创新研究,2023(11):113-115.

[27]李震.中日校园足球竞赛体系比较研究及对我国的启示[J].文体用品与科技,2023(12):102-104.

[28]张冬.简论校园足球竞赛体系的积极构建[J].青少年体育,2023(2):51-52.

[29]王志伟,王乙.校园足球人才培养体系的建构逻辑与实践策略[J].山东体育科技,2022,44(1):43-49.

[30]王亚平.校园足球发展及专业人才培养模式[J].拳击与格斗,2021(12):114-115.